知识产权
法律服务实战经验

ZHISHI CHANQUAN
FALÜ FUWU
SHIZHAN JINGYAN

张 旺 著

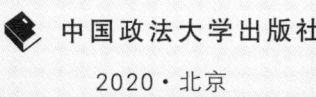

中国政法大学出版社

2020·北京

声　明　1. 版权所有，侵权必究。

　　　　2. 如有缺页、倒装问题，由出版社负责退换。

图书在版编目（ＣＩＰ）数据

知识产权法律服务实战经验/张旺著. —北京:中国政法大学出版社,2020.7
ISBN 978-7-5620-8088-6

Ⅰ.①知… Ⅱ.①张… Ⅲ.①知识产权法－研究－中国　Ⅳ.①D923.404

中国版本图书馆 CIP 数据核字(2020)第 118109 号

出 版 者	中国政法大学出版社
地　　址	北京市海淀区西土城路 25 号
邮寄地址	北京 100088 信箱 8034 分箱　邮编 100088
网　　址	http://www.cuplpress.com（网络实名：中国政法大学出版社）
电　　话	010-58908586(编辑部) 58908334(邮购部)
编辑邮箱	zhengfadch@126.com
承　　印	北京中科印刷有限公司
开　　本	880mm×1230mm　1/32
印　　张	7.75
字　　数	200 千字
版　　次	2020 年 7 月第 1 版
印　　次	2020 年 7 月第 1 次印刷
定　　价	49.00 元

本书涉及的规范性文件全简称对照表

全称	简称
中华人民共和国著作权法	著作权法
中华人民共和国著作权法实施条例	著作权法实施条例
中华人民共和国行政处罚法	行政处罚法
中华人民共和国知识产权保护条例	知识产权保护条例
中华人民共和国知识产权海关保护条例	知识产权海关保护条例
中华人民共和国商标法	商标法
中华人民共和国商标法实施条例	商标法实施条例
中华人民共和国刑法	刑法
中华人民共和国公司法	公司法
中华人民共和国合伙企业法	合伙企业法
中华人民共和国专利法	专利法
中华人民共和国民事诉讼法	民事诉讼法
中华人民共和国劳动法	劳动法
中华人民共和国反不正当竞争法	反不正当竞争法
中华人民共和国个人独资企业法	个人独资企业法
中华人民共和国劳动合同法	劳动合同法
中华人民共和国侵权责任法	侵权责任法
中华人民共和国民法通则	民法通则
中华人民共和国合同法	合同法

自　序

自 2009 年开始涉足知识产权业务领域至今已经十年有余，知识产权业务在法律业务领域里面属于小众化业务，有这方面法律需求的客户群体小众，专门从事这一业务领域的律师群体也小众，与民事、刑事、公司、房地产这些大业务领域没有任何可比性。

因为知识产权业务总量较少，所以年轻律师想在这一业务领域成长和发展相对就比较艰难，可能会是一个漫长的过程。凡是能够在这一业务领域坚持发展下来的律师大都有一个共同的理念，那就是他们把知识产权业务当成了一种兴趣爱好，而不仅仅是工作。

十年来我从未停止过对知识产权业务的热爱和研究，未来也将会是。今年特别想拿起笔把多年来积累的知识产权业务领域的法律服务经验分享给年轻的同行们，让他们在成长的路上少走一些弯路，早一点品尝到胜利的果实。尽管 20 万的文字不足以满足所有年轻同行们的需求，书的内容是有限的，但我们求知和上进的欲望是无限的。

在此，感谢在我律师成长过程中帮助过我的每一个人，尤其是西安交通大学的马民虎教授和山东诚功律师事务所的郭斌主任，谢谢您们传授我法律知识和工作经验，引领我成为知识产权专业律师，让我能够在中国的知识产权法律服务领域贡献自己的一份力量。

张　旺

2020 年 3 月 26 日于青岛

目 录

第一章　知识产权法务管理秘籍 / 001
　第一节　企业文化与版权法务 / 001
　第二节　企业商标与品牌法务 / 023
　第三节　企业专利法务 / 039
　第四节　企业商业秘密法务 / 054

第二章　知识产权诉讼难点解析 / 074
　第一节　商标恶意侵权诉讼之反转 / 074
　第二节　数人侵害商标权之损害赔偿责任判定 / 079

第三章　知识产权前沿法律问题研究 / 099
　第一节　网络游戏的作品属性分析 / 099
　第二节　原创影视音乐作品著作权保护 / 116
　第三节　"避风港原则"对网络著作权风险负担的规制 / 127
　第四节　"一带一路"战略背景下企业的专利保护策略
　　　　　——以中国-东盟自由贸易区为视角 / 137

第四章　司法裁判典型案例评析 / 151
　第一节　菲维亚珠宝有限两合公司诉众华堂工艺品公司、
　　　　　众华堂珐琅首饰研发中心侵害著作权与不正当
　　　　　竞争纠纷案 / 151

第二节 《人在囧途》诉《人再囧途之泰囧》不正当
竞争纠纷案 / 178
第三节 网络通信有限公司诉在线软件有限公司技术
合同纠纷案 / 205
第四节 青岛森特瑞进出口有限公司诉青岛鸿世通进出口
有限公司等侵害商业秘密纠纷案 / 217

第一章
知识产权法务管理秘籍

第一节 企业文化与版权法务

一、企业版权的归属

律师参与版权权属纠纷,最为重要的是掌握原创作品、法人作品、合作作品、职务作品、委托作品等概念及其相应的规定。

（一）原创作品

《著作权法》第11条第1款规定著作权属于作者,《著作权法》另有规定的除外。

（二）法人作品和职务作品

《著作权法》第11条第3、4款规定由法人或者其他组织主持,代表法人或者其他组织意志创作,并由法人或者其他组织承担责任的作品,法人或者其他组织视为作者。如无相反证明,在作品上署名的公民、法人或者其他组织为作者。

《著作权法》第16条第1款规定："公民为完成法人或者其他组织工作任务所创作的作品是职务作品,除本条第二款的规定以外,著作权由作者享有,但法人或者其他组织有权在其业务范围内优先使用。作品完成两年内,未经单位同意,作者不

---

* 本节执笔人曾杰,山东诚功（北京）律师事务所专职律师。

得许可第三人以与单位使用的相同方式使用该作品。"

有下列情形之一的职务作品，作者享有署名权，著作权的其他权利由法人或者其他组织享有，法人或者其他组织可以给予作者奖励：

（1）主要是利用法人或者其他组织的物质技术条件创作，并由法人或者其他组织承担责任的工程设计图、产品设计图、地图、计算机软件等职务作品；

（2）法律、行政法规规定或者合同约定著作权由法人或者其他组织享有的职务作品。

（三）委托或者合作作品

《著作权法》第13条规定两人以上合作创作的作品，著作权由合作作者共同享有。没有参加创作的人，不能成为合作作者。

合作作品可以分割使用的，作者对各自创作的部分可以单独享有著作权，但行使著作权时不得侵犯合作作品整体的著作权。

《著作权法》第17条规定受委托创作的作品，著作权的归属由被告和受托人通过合同约定。合同未作明确约定或者没有订立合同的，著作权属于受托人。

（四）引进和实施他人作品

版权引进就是能够合理、合法地使用他人的版权。企业引进的版权必须是合法的，能够为企业所用，能够为企业带来可观利润的，最终成为持续的竞争优势。在版权引进后若能对该资源进行优化，还能让企业开展新的商业模式。

在进行版权引进时一定要注意与版权所有人签订引进合同。《著作权法》作了专门规定：

《著作权法》第24条规定使用他人作品应当同著作权人订立许可使用合同，本法规定可以不经许可的除外。

许可使用合同包括下列主要内容：
(1) 许可使用的权利种类；
(2) 许可使用的权利是专有使用权或者非专有使用权；
(3) 许可使用的地域范围、期间；
(4) 付酬标准和办法；
(5) 违约责任；
(6) 双方认为需要约定的其他内容。

《著作权法》第25条规定转让《著作权法》第10条第1款第（5）项至第（17）项规定的权利，应当订立书面合同。

权利转让合同包括下列主要内容：
(1) 作品的名称；
(2) 转让的权利种类、地域范围；
(3) 转让价金；
(4) 交付转让价金的日期和方式；
(5) 违约责任；
(6) 双方认为需要约定的其他内容。

企业超出许可范围而行使版权，在未得到作者授权时是无效的。以出版社引进图书版权为例，一定要确保所引进的版权包含正文、所有图片、表格和引用文字。实践中，有的外商只拥有图书正文的版权或者拥有部分正文章节的版权，对其他方面包括图片等则不拥有版权，还需要出版社与其他的版权拥有者取得单独授权。由于版权本身的复杂性，因此稍有疏忽就有可能在日后引起不必要的纠纷。

（五）版权衍生品

版权衍生品是指获得原始权利授权之后开发的产品形态。版权衍生品市场是一条完整的产业链，需要将上游创作源头、下游生产厂商、中间设计团队和终端用户紧密连接起来。版权衍生品一般通过授权合作进行开发，而授权合作又分为图案形象授权、主题授权、代理版权授权以及通过加盟特许经营商店或品牌项目统一销售衍生品的通路授权等。授权环节是版权衍生品开发中最重要的一环。在获得授权后，制造和研发衍生品，要注意尊重原创作品精神，这样不仅能够在一般产品的功能属性上附加新的精神属性，也能使生活用品等衍生品成为传播原创作品精神理念的载体。原创作品和衍生作品协同发展，才能有利于实现价值最大化。

二、企业版权的运营管理

版权作为一种待价而沽的最具活力的智力资源性资产，当其伴随财产权同时行使时，它就具有了价值，会产生巨大的经济效益。

（一）版权许可

版权许可是指版权人将版权中的全部或者部分权能授权许可给他人利用的制度。版权许可制度一方面为版权人实现著作财产权，取得经济利益提供了渠道，另一方面为使用者使用作品提供了便利，从而推动了作品的传播与应用，促进了科技与文化的进步。

版权的许可使用，又分为一般许可和集体许可。一般许可是版权贸易中使用最普遍的方式，它包括专有许可（一个使用者的独占许可）和非专有许可（授权多个使用者的许可）。集体许可又分为"一揽子许可"（版权人组织授权使用者组织并收取报酬进行分配）和中心组织许可（版权人组织对使用者个体收取报酬并进行分配，授权多是单独的）。

版权许可使用合同纠纷，是指著作权人将其作品的财产权的一部分或者全部在法定的保护期内以一定的方式，在确定的范围内和期限内许可他人使用的过程中所产生的纠纷。律师在处理这类纠纷时，应当注意：许可使用合同包括的主要内容是：

（1）合同当事人的名称，固定当事人笔名与其真实姓名之间的关系；

（2）许可使用的权利种类；

（3）许可使用的权利是专有使用权或者非专有使用权；

（4）许可使用的地域范围、期间；

（5）付酬标准和办法；

（6）违约责任；

（7）免责条款；

（8）争议解决方式；

（9）双方认为需要约定的其他内容。

专有使用权与非专有使用权的区分，其法律后果完全不同。合同未明确约定的情况下，一般认定为专有使用权。律师在判断著作权许可使用合同的合同效力时，还应当注意许可使用权利的保护期。相关著作权超过法律规定的保护期，将直接导致合同无效。

（二）版权转让

版权转让是指企业将自己作品的经济权利部分或者全部出让给他人。

1. 转让的类别

版权中的各种财产权可以分别进行转让。即使是单独的一种财产权，也可以根据不同的使用方式分转给不同的人。版权转让也是可以分地域转让的。

2. 版权转让合同纠纷

版权转让合同纠纷是指著作权人将其作品的财产权一部分或者全部在法定的保护期内转让给他人的过程中所产生的纠纷。

律师在处理这类纠纷时,应当注意:转让合同包括的主要内容是:

(1) 合同当事人的名称,固定当事人笔名与其真实姓名之间的关系;

(2) 作品的名称;

(3) 转让的权利种类;

(4) 转让价金;

(5) 交付转让价金的日期、方式和办法;

(6) 违约责任;

(7) 免责条款;

(8) 争议解决方式;

(9) 双方认为需要约定的其他内容。

转让合同未明确转让的权利,未经著作权人同意,被转让方不得行使。律师在判断著作权转让合同的合同效力时,还应当注意转让权利的保护期。相关著作权超过法律规定的保护期,将直接导致合同无效。

(三) 版权质押融资

版权质押是指债务人或第三人将拥有的版权对所负有的债务向债权人进行担保,当债务人不履行债务的情况下,债权人有权把折价、拍卖或者变卖该版权所得的价款优先受偿的物权担保行为。

作为出质的版权,必须是有效的,在权属上没有争议。对于权属存在争议的版权,不能办理质押。

版权质押的程序:签订版权质押合同;办理质押登记。

(四) 版权出资

版权出资是指以版权作为财产作价后,以出资入股的形式与其他形式的财产(如货币、实物、土地使用权等)相结合,按法定程序组建有限责任公司或股份有限公司的一种经营行为。

用版权作为出资，应当注意以下事项：

（1）出资人是用于出资版权的合法权利人，有该版权合法的处置权。

（2）出资程序上，应当按照如下程序进行：版权入股首先须对版权的价值进行评估，依据评估的价值作为出资金额的依据；版权人与其他股东就版权出资事宜签署出资合同，约定出资的内容和比例，并据此起草公司章程；办理出资的工商登记手续，凭版权转移的手续，工商登记机关确定以版权入股的出资人股东的股东资格，并确认完成出资义务。

（五）版权的整合经营战略

资源并不能自动产生竞争优势，要想让资源产生竞争优势，就必须对不同类型的资源进行有效整合。版权资产的合理运用和有效配置，保障了版权企业以市场主体的角色充当版权产品生产和再生产的组织者。

（六）版权的衍生战略

纵观国内外版权市场，版权交易是重要的收益手段，版权交易的途径越广，获得的商业利润越丰厚，衍生产品的开发就能够更好地实现盈利。版权的衍生产品是指与版权相关的派生物，是在以基础版权为主的资源情况下产生新的版权类型。

（七）版权营销战略

只有通过营销才可以让市场和资金流动起来，各种资源才会在市场的流动中不断整合。整合营销是一种根据自身营销需求，借助不同行业领域的资源与工具，通过精心策划的主题活动达成目标的营销方式，因此整合往往也是跨界的，这不仅需要策划者本身具有跨界的敏感度和想象力，更重要的是要非常清楚企业自身的品牌定位和阶段性营销目标，从而去寻找适合

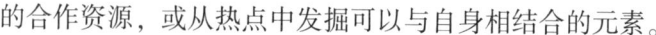

的合作资源,或从热点中发掘可以与自身相结合的元素。

(八)协助客户建立版权管理制度

协助客户建立著作权管理制度是作为律师非诉讼业务中的一项常规法律服务,主要是指律师为企业提供著作权相关法律法规的咨询,对作品著作权进行全面的权利检索与分析;审查与起草相关合同,并且协助当事人签订合同进行版权交易;加强客户的著作权行政维权意识,逐渐建立起一套较完善的著作权管理制度。

(1)对著作权相关法律法规的咨询服务。律师应当及时提供给当事人各种准确、有效的版权信息、版权贸易信息、著作者和作品信息服务。根据现有法律法规,为著作权人的作品登记、进行版权贸易等提供切实的法律意见。

(2)协助对作品著作权权利的检索与分析工作。协助客户对其著作权权利进行全面的检索与分析。

(3)审核与起草相关合同,并且协助客户进行版权交易。律师在进行著作权非诉讼业务的过程中,很大一部分工作是审核与起草相关合同。在版权交易中,著作权以转让和使用许可合同为核心,常见合同主要有出版合同、翻译权转让合同、译作出版合同、电影制片合同等。

(九)律师版权代理服务

律师版权代理服务主要包括代理被告办理著作权登记、转让、许可使用等法律事务。

1. 代理版权登记

律师代理一般著作权登记的,可以通过指定承担各类作品著作权登记和境外音像制品著作权合同认证登记的中国版权保护中心著作权登记部门,进行著作权及有关权利的登记。权利人可将已登记的事项作为拥有权利的初步证明,在人民法院或著作权行政管理部门处理著作权纠纷案件时，登记证书可作为证据使用。

著作权登记的主要内容包括：

（1）各类作品（计算机软件除外）著作权登记；

（2）出版境外音像制品合同登记；

（3）著作权质押合同登记；

（4）提供与各项登记有关的服务。

律师代理计算机软件著作权登记的，可以通过国家版权局认定的计算机软件著作权登记机构，中国版权保护中心软件著作权登记部进行登记。按照《计算机软件保护条例》的规定，软件登记机构发放的登记证明文件是登记事项的初步证明。目前，软件著作权登记证书已经成为司法、科技、税收、金融、软件产品和软件企业认定等诸多领域广泛使用的知识产权证明文件。

2. 版权贸易中的代理服务

版权贸易中，律师可以代理完成以下事项：

（1）代理洽谈、签订文学、艺术、科技等各类作品的版权转让和许可使用合同，即代理引进和输出版权，代理解决各类作品使用方式；

（2）代理收取和转付著作权使用报酬，代理追讨版税；

（3）代理洽谈作品的发表、出版等业务，参与国内外版权贸易洽谈、交流和考察活动；

（4）提供各种版权信息、版权贸易信息、著作者和作品信息服务；

（5）提供法律咨询与服务，代理起草、修改、审查版权和出版法律文书，宣讲版权知识，为报刊社、出版社等单位担任常年版权法律顾问；

（6）对专项著作权进行相关的法律服务；代为对著作权侵权行为进行调查、取证。

3. 代理从事与著作权集体管理组织签订合同的相关业务

协助拥有相关作品著作权的客户与著作权集体管理组织签订授权委托合同，及协助使用客户通过与著作权集体管理组织协商后取得相关作品使用权。

协助拥有相关作品著作权客户与著作权集体签订授权委托合同的注意事项：

（1）由于相关作品著作权人或其他合法权利人自己难以完全有效行使权利（如表演权、放映权、广播权、出租权、信息网络传播权、复制权等），故会委托由著作权集体管理组织进行集体管理；

（2）相关作品著作权人或其他合法权利人若符合著作权集体管理组织章程规定的加入条件，著作权集体管理组织将不得拒绝与其订立著作权集体管理合同；

（3）相关作品著作权人或其他合法权利人与著作权集体管理组织订立著作权集体管理合同后，不得在合同约定期限内自己行使或者许可他人行使合同约定由著作权集体管理组织行使的权利；

（4）相关作品著作权人或其他合法权利人有权依授权委托合同收取相应的作品使用费。

协助使用客户通过著作权集体管理组织取得作品使用权的注意事项：

（1）使用客户要使用著作权集体管理组织管理的作品、录音录像制品的，应与其订立书面的许可使用合同；

（2）使用客户以合理的条例要求与著作权集体管理组织订立许可使用合同的，著作权集体管理组织不得拒绝；

(3）双方订立的许可使用合同的期限不得超过 2 年，但合同期限届满可以续订；

(4）按合同的约定，交纳相应的许可使用费。

三、企业文化管理

企业文化管理，作为一种新的管理思想、管理制度和管理方法，已为广大企业接受。

（一）企业文化管理的制度化体系

为了实现企业文化管理的思想，企业文化管理应建构一套与其他管理不同的管理制度。这一套管理制度包括四个方面：

1. 文化意义符号管理制度

企业文化管理是以文化为根本手段所进行的管理。形成企业全员认同的文化意义符号系统，并对这个文化意义符号系统进行有效管理，是健全企业文化管理制度的首要要求。

文化意义符号系统管理制度要求做到：第一，应形成企业的精神文化意义符号系统，即企业的经营理念系统。第二，以企业精神文化意义符号系统为根本规范，系统整理、提炼、设计企业的物质文化意义符号系统和行为文化意义的符号系统，并把它们整合成一个体现企业集体个性的完整的文化意义符号系统。第三，制定对企业文化意义符号系统进行管理的制度。包括阐释、传达、宣传、学习、培训、实践、维持、传递、变更、重构等方面的规定。

2. 企业文化沟通管理制度

有效的文化管理还有赖于文化沟通。沟通是对一组文化意义符号的共享，以及根据对一组文化意义符号共享，而对个人和组织的思想和行为的改变（或者继续，或者停止，或者改变）。只有沟通才能使文化发生根本管理作用。

因此，企业文化管理要求建立健全的沟通管理制度。包括：第一，沟通态度管理。企业内部从上到下，从内到外，一切员工都应对文化沟通、文化传递、文化理解、文化执行持积极的、主动的、快速反应的态度。第二，沟通类型管理。流畅的文化指令传递，依赖于企业内形成立体网络式的沟通渠道。上下沟通、左右沟通、内外沟通、专家沟通、正式沟通、非正式沟通、语言沟通、非语言沟通等。第三，沟通渠道管理，渠道是文化指令通过的通道。渠道的功能、容量、速度、长度、质量等，直接影响文化指令能否顺畅、及时、有效地传递，对企业文化能否发生管理作用影响极大。第四，沟通媒体管理。借助于不同形式的媒体，或大众传播媒体或人际传播媒体，使文化指令以各种媒体为载体，通过多种渠道，顺畅传递。总之，完善的文化沟通管理制度，将有助于企业文化管理高效发挥作用。

3. 文化氛围管理制度

企业文化意义符号系统以职场氛围的形式存在。所谓职场氛围是指由企业特定文化形成的，无时不对企业员工产生影响、指令、熏陶、感染、调适、规范、塑造作用的、笼罩或充斥于企业内部环境中的气氛或情调。

因此，企业文化管理包括了企业文化氛围管理。主要内容有：第一，企业文化氛围的统合管理。职场文化氛围是一个有机体，它由物质层面、精神层面和行为层面为结构，以精神层面为核心统合而成。第二，企业文化氛围的强度管理。企业文化要强有力地发生管理作用，必须强化文化场的力度，形成强力文化氛围。只有浓烈的、鲜明的、不可抗拒的强文化氛围的存在，具有与之不相一致的文化价值观和行为的员工，在这种强文化场中，才会被改造、被塑造，才会一致地形成集体性格。第三，企业文化氛围的维持管理。文化氛围的统合形成需要一定的时间，而文化氛围的维持需要更长的时间。

4. 企业文化的遗传管理制度

企业的遗传靠核心价值理念代代相传。企业文化一旦形成传统，就使员工的集体行为自觉自动，理所当然，达到不教而教，不管而管，成为企业百年不败的机制。因此，企业形成企业文化的遗传管理制度非常重要。

企业文化遗传制度的管理包括：第一，企业文化核心理念遗传管理。核心理念管理，就是在坚持核心理念不变的前提下，研究如何变革一般价值理念和行为模式，使核心理念在不同阶段、不同地域、不同环境得到更好体现。处理好变与不变的关系，是核心理念管理的中心内容。第二，行为习惯遗传管理。企业文化管理必须使企业经营理念通过形成行为习惯，为全体员工所接受。对行为习惯进行管理是企业文化遗传管理的必要环节。第三，超文化积累的管理。一种文化要变成习惯，又要由习惯而转化为传统，需要经过超文化积累。要有专门机构对企业文化的超文化积累进行管理；要以企业的老职工为超文化积累的主力，带动全体员工加速对文化的认同和内化，使超文化积累成为企业无形资产积累的重要内容。第四，文化传统管理。文化传统具有主客二元性。经营理念转化为可操作的行为模式，行为模式转化为行为习惯，行为习惯被超文化积累所强化转化为文化传统，于是以传统形式存在的集体无意识形成。

企业文化的管理制度是灵魂管理制度，也是隐性管理制度和信仰管理制度。企业建立了这套管理制度后，文化为每个人所建立的共同信仰，将使人们的行为变得自觉自动，和谐统一，企业会表现出极大的整合力，凭借它可以创造任何人间奇迹。

(二) 企业文化管理的服务流程

企业文化管理既然是以人为中心的灵魂管理，这就决定它的管理方法必然有异于一般制度管理的方法。企业文化管理方法要有效实现文化管理，必须把文化管理转化为手段。企业文化管理的方法主要有：

1. 人性管理的方法

（1）重视人的存在的方法。忽视员工的存在，必然带来人性的失落、焦虑、无望，对群体的冷漠和疏远，以及工作情绪的低落和目标的丧失。员工只有不断被证明是存在的，才会产生接受组织目标和理念的义务感。

（2）重视人的参与的方法。人是社会化的动物，人必须依赖于组织而获得力量。参与到组织中去，在组织中被认同是人性的要求，也是接受组织目标和理念的前提。

（3）重视人的角色的方法。每个人参与到组织中去，都希望受到组织的重视，扮演恰当的角色。企业为员工扮演恰当的角色提供训练、提供场所、提供舞台，员工对组织的目标和理念就会高度认同，这同时是组织目标和理念的题中应有之义。

（4）重视人的情感的方法。人是情感的动物。情感的纽带是组织最牢固的纽带。强化组织内人与人之间的情感沟通，使每个员工得到情感关怀、情感重视、情感满足、情感发展和深化，必然带来企业内组织氛围优化、理念认同、行动一致、人际关系密切。

（5）重视人的学习的方法。学习也是人性的要求。学习使人获得外部信息、调整和改进人的适应的行为。它使员工能判断自己和组织的关系及与环境的关系，使自己与组织和环境保持一致和认同。

（6）重视人生意义的方法。人之生而为人，不仅有生存的追求、发展的追求，而且有意义的追求。企业的经营理念必须上升到意义的层面才能永久，人生的追求也必须上升到意义的层面才会有根本目标。

2. 文化渗透的方法

（1）时间渗透的办法。长期地、坚持不懈地、不间断地对企业经营理念进行超文化的积累。

（2）空间渗透的办法。无所不在地、事事处处地把企业的文化渗透到企业活动的一切场所、一切事件中。

（3）精神渗透的方法。文化理念的精神渗透是最强大、效果最佳的渗透。只有精神渗透才能建立信仰，只有信仰才能产生坚定不移、甚至舍生忘死的行动。

（4）行为渗透的方法。把行为和理念密切结合，使行为成为经营的传达形式。用经营理念统率经营行为，使经营行为规范化、模式化。

3. 文化整合的方法

（1）管理制度的整合方法。以经营理念为根本纲领，整合企业一切管理制度。

（2）组织结构的整合方法。企业采用什么组织结构，部门如何设置，权力如何分配，责任如何落实，部门关系如何确定，内部如何控制，对环境如何作出有效反应，如此等等，都必须实现整合必须使企业组织具有统一性、整体性，才有整体竞争力。

（3）经营战略的整合方法。经营战略涉及企业现在的和长远的生存。战略是企业长远追求的规划，是对现在如何做的强有力的控制，只有长远战略才能培育企业核心竞争能力。

（4）组织行为的整合方法。企业为处理内外关系而存在，企业处理各种关系的行为直接关系企业的生存。

总之，文化整合的方法，克服了企业管理的事务主义、形式主义、支离破碎、各自为政、内部消耗，实现了培育企业有机体的目标。

4. 注重精神修炼的方法

(1) 企业家精神修炼的方法。企业经营理念首先必须由企业家对其形成坚定的信仰,并深刻理解结合实际加以运用。

(2) 员工精神修炼的方法。经营理念是企业集体灵魂,必须深入员工个人灵魂中,为员工认同并成为坚定不移的信仰,才能在集体经营中统一发挥作用。

(3) 集体精神修研的方法。就是采用学习班、研讨会、讲演会、交流会等形式,结合企业经营加深对企业经营理念的研讨。

总之,企业文化管理的思想制度和方法,给我们提供了新经济条件下管理的新思维、新哲学方法论,其意义深远,值得我们认真研究。

四、企业版权的保护

(一) 侵权预警

律师应当及时提醒客户在受到著作权侵权的情况下,通过行政、民事、刑事等诉讼救济途径进行维权。

根据《著作权法》《行政处罚法》等相关规定,在侵权行为损害公共利益的情况下,经权利人投诉或知情人举报,或者经行政机关自行立案调查,行政机关将依法追究侵权人的行政责任。

投诉涉及的侵权行为应当是《著作权法》第47条或者《计算软件机保护条例》第24条列举的,同时损害公共利益的侵权行为。

权利人即使不知道侵权行为是否损害公共利益,也可以向著作权行政管理部门投诉,由著作权行政管理部门进行审查判断。

律师应当提醒客户企业注意,投诉应当自侵权行为发生之日起两年内向著作权行政管理部门提出。权利人如果发现侵权复制品将从海关进出口，可以请求海关依照《知识产权海关保护条例》采取相应的保护措施。

在网络环境下的著作权侵权，各级著作权行政管理部门也可以依据《互联网著作权行政保护办法》，对权利人采取相应的著作权行政保护措施。

（二）行政保护

《著作权法实施条例》第36条规定有《著作权法》第48条所列侵权行为，同时损害社会公共利益，非法经营额5万元以上的，著作权行政管理部门可处非法经营额1倍以上5倍以下的罚款；没有非法经营额或者非法经营额5万元以下的，著作权行政管理部门根据情节轻重，可处25万元以下的罚款。《著作权法实施条例》第37条规定有《著作权法》第48条所列侵权行为，同时损害社会公共利益的，由地方人民政府著作权行政管理部门负责查处。国务院著作权行政管理部门可以查处在全国有重大影响的侵权行为。

（1）受理著作权行政投诉的机关为各级著作权行政管理部门。

（2）权利人发现侵权行为后，可以根据情况向侵权行为实施地、侵权结果发生地（包括侵权复制品储藏地、依法查封扣押地、侵权网站服务器所在地、侵权网站主办人住所地或者主要经营场所地）的著作权行政管理部门投诉。在某些情况下，著作权行政管理部门可以依法将投诉移交另一著作权行政管理部门处理。

（三）司法保护

1. 相关法律规定

有下列侵权行为的，应当根据具体情况，承担停止侵害、

消除影响、赔礼道歉、赔偿损失等民事责任：

（1）未经著作权人许可，发表其作品的；

（2）未经合作作者许可，将与他人合作创作的作品当作自己单独创作的作品发表的；

（3）没有参加创作，为谋取个人名利，在他人作品上署名的；

（4）歪曲、篡改他人作品的；

（5）剽窃他人作品的；

（6）未经著作权人许可，以展览、摄制电影和以类似摄制电影的方法使用作品，或者以改编、翻译、注释等方式使用作品的，著作权法另有规定的除外；

（7）使用他人作品，应当支付报酬而未支付的；

（8）未经电影作品和以类似摄制电影的方法创作的作品、计算机软件、录音录像制品的著作权人或者与著作权有关的权利人许可，出版其作品或者录音录像制品的，著作权法另有规定的除外；

（9）未经出版者许可，使用其出版的图书、期刊的版式设计的；

（10）未经表演者许可，从现场直播或者公开传送其现场表演，或者录制其表演的；

（11）其他侵犯著作权以及邻接权的行为。

承担综合法律责任的著作权侵权行为应当根据情况，承担停止侵害、消除影响、赔礼道歉、赔偿损失等民事责任；同时损害公共利益的，可以由著作权行政管理部门责令停止侵权行为，没收违法所得，没收、销毁侵权复制品，并处以非法经营额3倍以下的罚款；非法经营额难以计算的，可以处10万元以下的罚款；情节严重的，著作权行政管理部门还可以没收主要用于制作侵权复制品的材料、工具、设备等；构成犯罪的，依法追究刑事责任：

（1）未经著作权人许可，复制、发行、表演、放映、广播、汇编、通过信息网络向公众传播其表演的，著作权法另有规定的除外；

（2）出版他人享有专有出版权的图书的；

（3）未经表演者许可，复制、发行录有其表演的录音录像制品，或者通过信息网络向公众传播其表演，著作权法另有规定的除外；

（4）未经录音录像制作者许可，复制、发行或者通过信息网络向公众传播其录音录像制品，著作权法另有规定的除外；

（5）未经许可，播放或者复制广播、电视的，著作权法另有规定的除外；

（6）未经著作权人或者邻接权人许可，故意避开或者破坏权利人为其作品、录音录像制品等采取的保护著作权或者邻接权的技术措施的，法律、行政法规另有规定的除外；

（7）未经著作权人或者邻接权人许可，故意删除或者改变作品、录音录像制品的权利管理电子信息的，法律、行政法规另有规定的除外；

（8）制作、出售假冒他人署名的作品的。

2. 代理原告提起著作权侵权民事诉讼

（1）确认著作权的权利保护期。律师应该注意到，由于著作权包括人身权与财产权，而各项权利保护期有其特殊的法律规定，因此确定著作权是否处于保护期内是律师判断是否提起诉讼的第一步，也是决定是否可以启动诉讼的必要条件。

（2）明确被告。律师在确定被告之时，应当注意我国著作权保护的权利限制：①合理使用；②法定许可和强制许可。

3. 代理被告参与著作权侵权民事诉讼

（1）以原告的作品不享有诉权进行抗辩。原告的作品如为依法禁止出版、传播的作品，即该作品内容非法，包括反动、淫秽、宣扬迷信等，则该作品不受《著作权法》保护，原告不享有著作权法所规定的相关权利，故也不会产生相应的诉权。

以原告不享有著作权进行抗辩：①不能提供原稿、原作；不能提供著作权登记证书；也不能提供相关部门或机构出具的合法证明等；②已经超出著作权保护期限。

（2）以侵权行为不存在为由进行抗辩：①证明被告系独立创作，其作品享有著作权；②证明被告的作品与原告的作品既不相同也不相似，未侵犯其著作权；③证明合理使用；④证明法定许可和强制许可。

（3）以损害不存在或数额计算没有依据为由进行抗辩：①证明原告不存在损失；②证明原告提供的损失计算方式不正确、不合理；③证明被告获利的计算不正确；④证明原告要求的法定赔偿不合理；⑤如原告作品为外国影片并属于：a. 没有提交内容审查的作品；b. 等待内容审查结果的作品；c. 已通过审查的作品的未经删节的版本；d. 未能通过内容审查的作品；e. 同时内容不非法（反动、淫秽、宣扬迷信等）。则原告虽对涉案作品拥有著作权，但在我国大陆根本无法通过合法途径而获得收入，没有法律上的损失而言，无损失则无赔偿。目前在我国大陆未获得公映许可证或发行许可证的海外影片也是如此。原告可以要求停止侵权，却不能获得损害赔偿。

4. 准备诉讼证据

（1）证明原告著作权的权利证据。原告应当提供底稿、原件、著作权登记证书、相关部门或机构出具的合法证明等，作为享有著作权的证明。

（2）证明被告侵犯著作权的侵权证据。

（3）证明原告遭受损失的证据。①直接损失的证明，即由于侵权行为导致原告的实际损失。实际损失难以计算的，原告可以按照侵权人的违法所得要求给予赔偿。②间接损失的证明，即原告为了制止侵权行为所支付的合理开支。③法定赔偿，即原告的实际损失与侵权人的违法所得均不能确定，则原告可要求人民法院根据侵权行为的情节，给予50万元以下的赔偿。

（4）诉前禁令与证据保全。为了能够更好地维护当事人的合法权益，保证案件的顺利进行，并最大限度地保证所受损害得到弥补，律师可以在案件处理过程中，依法向人民法院提出诉前禁令与证据保全。

诉前禁令

适用对象：包括侵权人正在实施或者即将实施的侵权行为。

成立条件：①提起诉讼之前；②向人民法院提出申请；③提供相应的担保；④有证据证明；⑤如不及时制止，将会使权利人合法权益受到难以弥补的损失。

需要提醒律师的是，目前立法及实践中关于诉前禁令受理条件、处理程序均无明确的规定，一般情况下，由于申请人很难提交确实的证据证明如不及时制止被申请人的侵权行为，将会使权利人合法权益受到难以弥补的损失，而在现行法下，并没有对在何种情况下权利人合法权益将受到难以弥补的损失作出解释，法院也将无从判断，而据此拒绝当事人的申请。故在现实中获准进行诉前禁令有一定难度。同时，权利人申请有错误的，应当赔偿被申请人因诉前禁令所遭受的损失。因此，诉前禁令也具有一定的风险性。

诉中禁令

适用对象：包括侵权人正在实施的侵权行为。

成立条件：①提起诉讼之后；②向人民法院提出申请；③提供相应的担保；④有证据证明；⑤侵权人正在实施侵权行为。

需要提醒律师的是，目前立法及实践中关于诉中禁令受理条件、处理程序均无非常明确的规定，在现行法下，申请诉中禁令可依据的法律条文《著作权法》第 49 条、第 50 条，《最高人民法院关于审理著作权民事纠纷案件适用法律若干问题的解释》第 30 条，《最高人民法院关于诉前停止侵犯注册商标专用权行为和保全证据适用法律问题的解释》第 16 条同时参考《最高人民法院关于全面加强知识产权审判工作为建设创新新型国家提供司法保障的意见（法发［2007］1 号）》第 14 点意见。

诉前证据保全

适用对象：包括证据可能灭失或者以后难以取得的情况。

成立条件：①著作权人或者与著作权有关的权利人提出申请；②向人民法院提出申请；③提供相应的担保，具体担保金额或比例视申请法院规定。

申请人在人民法院采取保全措施后 15 日内不起诉的，人民法院将解除保全。

诉讼中的证据保全

一般应对以下证据提出保全：关于被告有侵权行为的证据；关于被告获利情况的证据。

（5）举证责任问题。律师应当注意，法律对于出版、制作、出租等行为人规制了严格的合法来源举证责任。上述行为人作为原告提起诉讼时，可作相应的"举证责任"抗辩。①复制品的出版者、制作者不能证明其出版、制作有合法授权的，复制品的发行者或者电影作品或者以类似摄制电影的方法创作的作品、计算机软件、录音录像制品的复制品的出租者不能证明其发行、出租的复制品有合法来源的，应当承担法律责任。②出版者、制作者应当对其出版、制作有合法授权承担举证责任，发行者、出租者应当对其发行或者出租的复制品有合法来源承担举证责任。

（四）海关保护

版权的海关保护是指版权人根据《知识产权海关保护条例》的规定，将版权在海关进行备案，对通关的货物涉嫌侵犯该版权的，由权利人申请或海关依职权对其进行查扣并依法处理的保护方式。

五、结语

对于任何一家企业来讲，都需要通过与作者签订作品出版合同获得版权授权，顺利获得版权授权之后，企业才能围绕作品的出版与销售开展业务活动，才能运营与管理其拥有的版权资产。企业所拥有的版权作品数量的多少、质量高低以及版权资产运营与管理的优劣决定了出版企业的生命线之长短。版权是企业最重要的一种无形资产。与企业的办公用房、电脑、桌椅等资产有着巨大的不同，版权是无形资产，其具有非独立性、可转化性、可交易性以及可增值性等特点，是一种必不可少的"轻资产"。正是这种"轻资产"，如果运营与管理得当，将会为企业的跨越式发展插上腾飞的翅膀。

第二节　企业商标与品牌法务[*]

一、企业商标权的取得

（一）商标申请的基本流程

依照《商标法》的规定，目前在中国申请注册商标，按照

---

[*] 本节执笔人崔忠武，山东诚功（崂山）律师事务所副主任。

申请人的国籍，可以分为两种情况：国内申请人申请注册商标和国外申请人申请注册商标。依据《商标法》的规定，国内申请人可以自行申请或者委托商标代理机构申请。国外申请人（包含外国公司、组织及自然人，目前我国港澳台地区商标申请人代理业务比照国外申请人办理）必须委托商标代理机构代为申请。

1. 国内申请人申请注册商标

国内申请人应当提交的申请文件如下：

（1）申请人签字盖章的商标代理委托书及申请人相关证件（企业营业执照复印件等）；

（2）商标注册申请书+5份图样；

（3）报送商标注册申请事项清单。

注意事项：

（1）目前商标代理机构可以向商标局邮寄申请文件。国内申请人自行向商标局申请注册商标的，应当到位于北京市西城区茶马南街1号商标局注册大厅内办理。

（2）自然人申请商标注册的，应当符合下列条件，否则不予受理（仅针对国内自然人，国外自然人申请注册商标不受限制）：

①个体工商户可以以其《个体工商户营业执照》登记的字号作为申请人名义提出商标注册申请，也可以执照上登记的负责人名义提出商标注册申请。以负责人名义提出申请时应提交以下材料的复印件：a. 负责人的身份证；b. 营业执照。

②农村承包经营户可以以其承包合同签约人的名义提出商标注册申请，申请时应提交以下材料的复印件：a. 签约人身份证；b. 承包合同。

③其他依法获准从事经营活动的自然人，可以其在有关行

政主管机关颁发的登记文件中登载的经营者名义提出商标注册申请，申请时应提交以下材料的复印件：a. 经营者的身份证；b. 有关行政主管机关颁发的登记文件。

④自然人提出商标注册申请的商品和服务范围，应以其在营业执照或有关登记文件核准的经营范围为限，或者以其自营的农副产品为限。

2. 国外申请人申请注册商标

国外申请人申请注册商标必须委托代理机构，应当提交的文件如下：

（1）商标代理委托书；

（2）商标注册申请书+5份图样；

（3）报送商标注册申请事项清单。

如果该商标申请人符合《商标法》规定，还可以提供优先权证明文件并提出申请，以享有优先权。

（二）商标申请应注意的问题

1. 符合法律规定，不能违法

我国商标法对商标的使用及申请都做了一定的限制，因此在设计商标标识时，首先应考虑法律规定，避免设计不合法的商标标识，从而不受法律保护。

我国现行的《商标法》第10条规定了不得作为商标使用的情况。另外，根据我国《商标法》的规定，下列标志是不得作为商标注册的：

（1）仅有本商品的通用名称、图形、型号的；

（2）仅直接表示商品的质量、主要原料、功能、用途、重量、数量及其他特点的；

（3）其他缺乏显著特征的；

（4）以三维标志申请注册商标的，仅由商品自身的性质产生的形状、为获得技术效果而需有的商品形状或者使商品具有实质性价值的形状，不得注册；

（5）就相同或者类似商品申请注册的商标是复制、摹仿或者翻译他人未在中国注册的驰名商标，容易导致混淆的，不予注册并禁止使用；

（6）就不相同或者不相类似商品申请注册的商标是复制、摹仿或者翻译他人已经在中国注册的驰名商标，误导公众，致使该驰名商标注册人的利益可能受到损害的，不予注册并禁止使用。

2. 不能触及当地的文化、宗教禁忌

商标开发要迎合消费者的口味，绝不能用消费者忌讳的文字、图形做商标，避开当地的文化、宗教禁忌，否则商品就有可能卖不出去，失去市场。例如在我国有"夜猫子进宅，不是亡命就是丧财"的说法，因此在我国的传统文化中猫头鹰被视为一种不祥的征兆，所以在我国设计商标时，就要考虑不能使用猫头鹰作为标识。

3. 注册前要做好商标的检索工作

据统计，目前在我国注册的商标有几百万个，如果企业自己设计的商标与已经注册的商标出现相同或近似，则在申请注册过程中会被驳回；即使商标侥幸获得注册，其他的权利人有可能对其提出无效宣告，最终可能导致所申请的商标被宣告无效。这样就会使企业鸡飞蛋打，费时费力，造成一定的损失。

（三）商标的布局

1. 主副商标的多元化布局

实行多元化经营的企业，需要根据其产品的种类和层次，开发较多的商标，具有一定数量的商标储备，以适应企业多元化市场战略的需要。像日本的丰田、东芝、日立、索尼等大型企业一般要采用主副商标的布局层次，通常是注册一个商标作为主商标，然后再根据产品的种类和层次在特定的商品上注册不同的副商标，形成主副结合、梯次搭配的商标布局结构。

2. 统一商标的专业化布局

专业化经营的企业往往专注于某一领域的产品，甚至某一种产品，在这种情况下，企业只需要开发一个或几个商标即可。现在我国的许多中小企业因资金和规模的限制，决定了其主要是从事专业化经营，因此大多只使用一个统一的商标。这种企业只采用一个商标品牌的模式，就是统一商标策略。统一商标策略使企业节省开发成本，节省维护、宣传和管理费用，利于中小企业集中财力宣传商标，能迅速提高商标的知名度，使企业较快地取得可观的经济效益。

采用统一商标策略的企业，因其具有明确的专业化方向，准确的产品定位，所以其在开发商标时，应当着重从商品的功能、用途入手进行设计。在不违反商标法的前提下，商标对产品具有一定的间接叙述或暗示，能够更好地引导消费者购买产品。

二、企业商标的运营管理

（一）商标的运营模式

1. 一品多牌使用模式

"一品多牌"使用模式是指企业对自己的一种产品或服务根据其市场定位的不同而采用不同商标的营销方式。选择该种品牌使用模式，通常是企业将自己的同一产品或服务有不同的市场定位，为区分其市场定位而采用不同的品牌。例如宝洁公司针对其洗发水，分别使用了"飘柔""潘婷""海飞丝"等商标，其中飘柔主要面向三四级乡镇和县区市场，针对的是低端消费群体；潘婷适用于中档人群，主打乳液修复概念；海飞丝针对去屑人士，面向中高档和具有去屑需求的高端消费群。

2. 多品一牌使用模式

"多品一牌"使用模式又称"统一商标"模式，是企业经营的不同种类的商品或服务使用统一的商标的营销模式。"多品一牌"模式首先起家于"一牌一品"，然后采用品牌延伸的策略，利用原来产品对品牌所建立的市场忠诚度，让市场转移到新的产品中，从而实现"一牌一品"到"一牌多品"品牌的延伸。海尔就是"多品一牌"使用的典范。海尔最初是从做冰箱产品开始，企业所用的品牌是"海尔"，取得了巨大的市场成功，后来经过多轮的兼并和扩张，海尔先后涉足冷柜、空调、洗衣机、彩电等电器产品，但都一直使用"海尔"品牌，再后来，海尔投资电脑、医药和房地产等领域，还是使用"海尔"品牌，这种品牌不断延伸形成的"多品一牌"模式，使"海尔"的品牌誉满全国并走向世界。

3. 商标分类使用模式

商标分类使用模式是指企业在同一种类型商品或服务上使用同一种商标，在不同种类型的商品或服务上使用不同商标的营销模式。中粮集团公司就是采用商标分类使用模式的企业，其在食用油上使用的是"福临门"商标，在肉类食品上使用的是"JOJOK 家乐康"商标，食品罐头方面使用的是"梅林""象山"商标，在葡萄酒方面使用的是"长城"商标，在黄酒方面使用的是"孔乙己""黄中皇"商标，在酒店服务方面使用的是"凯莱"商标。

4. 主副商标模式

主副商标模式是指企业将体现企业文化或精神的商标作为主商标，同时根据产品的种类和层次在特定的商品上使用不同的副商标,形成主副结合、梯次搭配的商标布局结构的营销模式。主副商标模式兼顾了使用单一商标和使用多种商标的优点,既可以利用主商标的影响力来提升新产品的知名度,保障新产品的品质信誉,从而降低新产品的推广宣传费用;又可以利用副商标向消费者提示具体产品的个性化,并且可以避免新产品营销失败带来的"一损俱损"的风险,不失为一种较好的商标使用策略。

5. 商标与商号一体化使用模式

商号是指企业的字号,是企业名称的组成部分,它与商标同属知识产权的范畴。商标与商号一体化使用模式是指企业将其商号申请为注册商标进行使用或将注册商标用作企业的商号使用。实行商号与商标一体化,对商号权与商标权统一保护是企业参与市场竞争、有效保护自己的名称权和商标权的一项重要策略。目前,世界各国企业越来越意识到商号与商标一体化的重要意义,尤其是知名跨国企业在商号与商标统一方面早已捷足先登,像"可口可乐""丰田""松下""波音"等都是商号与商标统一的典型范例。

(二) 商标许可

商标许可,又称商标的特许经营,是一种以协议方式形成的特许方将商标使用权授权给被特许方,允许被特许方在一定时期和地域范围内使用许可商标进行经营的方式。像麦当劳、肯德基都是商标许可的典范。

实施商标许可,必须要把握如下几点:

(1) 特许方应具有较强的品牌管理能力。特许方将特许商标给予被特许方使用,实质上是其品牌规模的扩大,在特许经营过程中要涉及品牌的市场反馈信息的搜集、品牌产品的质量监控、品牌使用者营销行为的限制等一系列问题,这些需要特许方要有很强的品牌管理能力，方能有效地处理好上述问题。

（2）特许方必须巩固其商标的核心产品。作为特许经营的商标在实践中可能会有若干个产品来进行使用，但商标的核心产品是品牌得以发展和成熟的关键。如商标的主导产品不突出就盲目地进行品牌扩张，极易造成品牌形象的弱化，对品牌的长期建设极为不利。

（3）特许方应对被特许方及所在产业或行业进行充分的市场考察。考察被许可方企业是否有足够条件和能力运作一个知名品牌，还要考察其经营能力，包括生产的产品或服务的质量、企业的财务状况、企业诚信状况等能否达到特许方的要求。在商标特许之后，更要加强对被特许方品牌运营的监督与控制。另外，还要考察被特许方的行业和市场是否适合特许经营，因为并不是所有的行业或领域都适合商标特许经营，尤其是竞争异常激烈而行业利润并不高的市场就应该避免商标特许经营。

（4）通过合同明确双方的权利义务。商标特许经营模式中特许方和被特许方在对待品牌利益期限上存在明显的不匹配，特许方不仅考虑短期利益，同时也会注重长期利益，而被特许方更关注的是短期利益的最大化，利益分歧导致了这种制度安排的内在矛盾，同时由于特许方以契约方式对被特许方实施间接监控存在一定的难度，鉴于特许经营存在的这些问题及矛盾，双方应当在合同中予以平衡协调解决。

（三）商标转让

商标转让，又称品牌收购，指企业通过并购其他商标以获得其他品牌的市场地位和品牌资产，从而增强自己实力的一种运营策略。相比商标开发而言，品牌收购是一种极为迅速的品牌组合建立方法。

品牌收购一般有两种方式：一种是直接购买该企业的商标，该方式风险小、成本低，但操作难度大，因为企业很少只卖自己商标，往往是商标连同企业本身一起打包出售；另一种方式是通过并购该企业从而获得该商标，该方式风险大、成本高，但实践中易于操作。

在品牌经营时代，品牌收购往往带有品牌扩张的目的。品牌化经营的企业，其扩张是以品牌扩张为核心动机的。通过收购其他企业的品牌，企业可利用其品牌资源进行经营，有利于扩大原有品牌所涵盖产品的生产规模，以获取更大的市场力量，实现品牌的快速区域扩张（特别是海外扩张），重构企业的竞争力范围，例如青岛啤酒集团利用其"青岛啤酒"这一驰名品牌进行"低成本扩张"实现其规模化，就是较为典型的例子。另外，通过品牌收购，企业可以绕开贸易壁垒实现进军其他国家和地区的市场，同时还可能为品牌的延伸，为实现产品多元化铺平道路。

三、企业品牌战略

（一）驰名商标认定的途径

在我国认定驰名商标有两种途径：向行政机关申请认定和向法院起诉认定。

1. 向行政机关申请认定

认定驰名商标的依据是我国《商标法》第 13 条的规定："为相关公众所熟知的商标，持有人认为其权利受到侵害时，可以依照本法规定请求驰名商标保护。就相同或者类似商品申请注册的商标是复制、摹仿或者翻译他人未在中国注册的驰名商标，容易导致混淆的，不予注册并禁止使用。就不相同或者不相类似商品申请注册的商标是复制、摹仿或者翻译他人已经在中国注册的驰名商标，误导公众，致使该驰名商标注册人的利益可能受到损害的，不予注册并禁止使用。"基于上述法律规定，根据原国家工商总局颁布的《驰名商标认定和保护规定》，规定了向行政机关申请认定驰名商标的如下三种途径：

（1）在商标异议中认定。商标所有人认为他人经初步审定公告的商标，违反《商标法》第13条规定的，可以依据《商标法》第30条及其实施条例的相关规定，自商标公告之日起3个月内，向商标局提出异议，并提交证明其商标驰名的有关材料。

（2）在商标争议中认定。商标所有人认为他人已经注册的商标违反《商标法》第13条规定的，可以依据《商标法》第41条及其实施条例的相关规定，在该商标核准注册之日起5年内，向商标评审委员会请求认定驰名商标并要求裁定撤销他人已经注册的该注册商标，并提交证明其商标驰名的有关材料。对于恶意注册的商标，不受5年的限制。

（3）在商标管理案件中认定。商标所有人认为他人使用的商标属于《商标法》第13条规定的情形，要求保护其驰名商标的，可以向案件发生地的市（地、州）以上的市场监督管理部门提出禁止使用的书面请求，并提交证明其商标驰名的有关材料。地方市场监督部门经审查后在规定的期限内逐级上报至商标局，商标局自收到案件有关材料之日起6个月内作出是否为驰名的认定。

2. 向法院起诉认定

根据《最高人民法院关于审理涉及驰名商标保护的民事纠纷案件应用法律若干问题的解释》第2条规定，在商标纠纷民事纠纷案件中，当事人以商标驰名作为事实根据，人民法院根据案件具体情况，认为确有必要的，对所涉商标是否驰名作出认定。

需要注意的是，在涉及驰名商标保护的民事纠纷案件中，人民法院对于商标驰名的认定，仅作为案件事实和判决理由，不写入判决主文；以调解方式审结的，在调解书中对商标驰名的事实不予认定。所以当事人如果想通过诉讼方式认定驰名商标的，就不要接受调解。

（二）企业如何争创驰名商标

不断提高企业的知名度，做到事实上的驰名。

企业怎样才能达到驰名商标的条件，对此我国《商标法》第14条规定，认定驰名商标应当考虑下列因素：相关公众对该商标的知晓程度；该商标使用的持续时间；该商标的任何宣传工作的持续时间、程度和地理范围；该商标作为驰名商标受保护的记录；该商标驰名的其他因素。

驰名商标的认定遵循"个案认定""被动保护原则"，即商标所有人认为自己的商标权受到以下损害时，可以申请认定驰名商标：①他人就相同或者类似商品申请注册的商标是复制、摹仿或者翻译自己未在中国注册的驰名商标，容易导致混淆的；②他人就不相同或者不相类似商品申请注册的商标是复制、摹仿或者翻译自己已经在中国注册的驰名商标，误导公众，致使自身利益可能受到损害的；③他人将与自己的驰名商标相同或者近似的文字作为企业名称或名称的一部分登记使用，可能引起公众误认的；④自己的驰名商标被他人恶意注册为网络域名，可能对自身利益构成损害的。认定机构只有在收到了商标所有人关于上述问题的申诉以及要求认定驰名商标的请求后，才能对其商标是否驰名及能否给予扩大保护范围进行认定，而不会没有他人的申请就主动去认定驰名商标。

（三）企业如何维护驰名商标

企业的驰名商标被认定后，应当竭力做好品牌的维护工作，继续对品牌进行经营，打击侵权行为，维护自身的商标权益。对驰名商标的维护，应重点做好以下工作：

1. 加强对商标的管理

企业应当建立规范、完善的商标管理制度，对商标如何使用、续展、维权打假等事项作出明确的规定，并确定管理部门，明确职责，建立奖惩制度等，确保商标管理的有序进行。

2. 规范对驰名商标的运营

驰名商标被认定后，对其的运营应当更加严格，在此尤其需要注意的是：

（1）慎用商标许可，防止联营毁牌；

（2）慎重以商标出资、转让，防止品牌流失。

3. 防止驰名商标被淡化

当驰名商标的专用权遭到侵犯时，企业应当及时通过法律手段实施自我保护，制止侵权行为，维护自己的商标权益。在侵犯驰名商标权益中，最主要的形式就是对驰名商标的淡化行为。对于驰名商标的淡化行为，可采取如下反淡化措施：

（1）如他人将复制、摹仿或者翻译自己已经注册的驰名商标申请商标注册，权利人可向商标局提出异议，使商标局对其不予注册；

（2）如商标局将他人复制、摹仿或者翻译自己已经注册的驰名商标核准在相同或者不相类似商品中初步申请进行公告或公告期满后核准注册的，权利人应当在公告期内或核准注册之日起5年内及时向商标局申请宣告其商标无效；

（3）如他人将复制、摹仿或者翻译自己已经注册的驰名商标用在商品销售中，商标注册人或者利害关系人可以向人民法院起诉，要求停止侵权行为、消除影响并赔偿损失，也可以请求市场监督管理部门进行查处。

四、企业商标专用权的保护

(一) 企业商标专用权的保护方式

1. 行政保护

通过行政方式进行商标维权主要有如下两类：一是对各级市场监督管理机关的具体行政行为提起行政诉讼的案件；二是不服商标评审委员会决定或裁定而提起行政诉讼的案件。

《商标法实施条例》第 77 条规定，对侵犯注册商标专用权的行为，任何人都可以向市场监督管理部门投诉或者举报。这就是商标权工商行政保护的有关规定。如果企业发现自己的商标有人仿冒或假冒自己的商标或者其他侵犯其注册商标专用权的行为，收集必要的侵权证据，包括合法取得侵权实物、确认侵权事实以及侵权人的联系地址等，然后起草行政请求书，就侵权行为向市场监督管理部门进行投诉或者举报。市场监督管理部门在处理时，认定侵权行为成立的，责令立即停止侵权行为，没收、销毁侵权商品和主要用于制造侵权商品、伪造注册商标标识的工具，并处以罚款。

2. 民事保护

民事保护是指通过民事诉讼的手段请求法院对其商标权益进行保护的方式，包括侵害商标权用权纠纷、商标权合同纠纷、商标权权属纠纷。

3. 刑事保护

刑事保护是指司法机关对商标侵权严重已经构成犯罪的违法行为依法追究其刑事责任的商标权益保护方式。

我国《刑法》规定的侵犯商标权益构成犯罪的三种情形：

(1) 假冒注册商标罪：未经注册商标所有人许可，在同一种商品上使用与其注册商标相同的商标，情节严重的构成犯罪；

（2）销售假冒注册商标的商品罪：销售明知是假冒注册商标的商品，销售金额数额较大的构成犯罪；

（3）非法制造、销售非法制造的注册商标标识罪：伪造、擅自制造他人注册商标标识或者销售伪造、擅自制造的注册商标标识，情节严重的构成犯罪。

4. 海关保护

商标权的海关保护是指商标权利人根据《知识产权海关保护条例》的规定，将商标在海关进行备案，对通关的货物涉嫌侵犯该商标专用权的，由权利人申请或海关以职权对其进行查扣并依法处理的保护方式。

（二）商标侵权民事诉讼的代理

1. 作为原告代理人

（1）了解案情，确定商标侵权类型。商标侵权行为主要有如下种类：①未经商标注册人的许可，在同一种商品上使用与其注册商标相同的商标的；②未经商标注册人的许可，在同一种商品上使用与其注册商标近似的商标，或者在类似商品上使用与其注册商标相同或者近似的商标，容易导致混淆的；③销售侵犯注册商标专用权的商品的；④伪造、擅自制造他人注册商标标识或者销售伪造、擅自制造的注册商标标识的；⑤未经商标注册人同意，更换其注册商标并将该更换商标的商品又投入市场的；⑥故意为侵犯他人商标专用权行为提供便利条件，帮助他人实施侵犯商标专用权行为的；⑦给他人的注册商标专用权造成其他损害的。

（2）确定被告。在商标侵权纠纷案件中，可能因为侵权商品的制造商和销售商往往不同一，会出现多个被告，原告对此有选择权。

（3）确认是否需要和解。办案律师根据对案情的判断，可以建议客户寻求和解来解决纠纷,和解可以在起诉前或者诉讼进程中的任一阶段进行。

(4) 考查诉讼时效。

(5) 确定管辖法院。

级别管辖上,中级以上人民法院和最高人民法院指定的少数基层人民法院对一审商标案件具有管辖权。

地域管辖上,商标侵权纠纷案件,由侵权行为的实施地、侵权商品储藏地或者查封扣押地、被告住所地人民法院管辖。

如果存在多个被告,可以选择其中一个被告的侵权行为实施地人民法院管辖。

(6) 确定是否采取诉前禁令或财产保全措施。必要时,可以向法院申请诉前停止侵犯注册商标专用权和申请财产保全。如果侵权人正在实施或者即将实施侵犯其注册商标专用权的行为,如不及时制止将会使其合法权益受到难以弥补的损害的,可以依法在起诉前向人民法院申请采取责令停止有关行为和财产保全的措施。

(7) 收集证据。配合和指导客户收集证据,必要时,可以向法院申请诉前证据保全。

在证据可能灭失或者以后难以取得的情况下,原告方可以在起诉前向人民法院申请保全证据。

证据收集主要围绕以下三个方面展开:①权利证据,原告是商标权人,则应当提交证明其商标权真实有效的文件,包括商标注册证。如果原告不是商标权人而是利害关系人(被许可人或者商标财产权利的继承人),则应当提交注册商标使用许可合同、在商标局备案的材料及商标注册证复印件;未经备案的应当提交商标注册人的证明,或者证明其享有权利的其他证据。必要时,可以请求法院认定原告的商标已经处于驰名状态。②侵权证据，包括证明被告使用的标识与原告的商标相同或相似、被控侵权产品、销售发票等证据，可以通过证据保全的方式取证。③损害赔偿依据，确定侵犯商标专用权的赔偿数额，为侵权人在侵权期间因侵权所获得的利益，或者被侵权人在被侵权期间因被侵权所受到的损失，包括被侵权人为制止侵权行为所支付的合理开支，如果侵权人因侵权所得利益或者被侵权人因被侵权所受损失难以确定的，原告可以直接在诉请中请求300万元人民币以下的范围内的法定赔偿数额。

（8）起诉。准备好起诉状和初步证据，向有管辖权的法院进行起诉。在起诉状中，可视具体情况，提出以下诉讼请求：停止侵害、消除影响、赔偿损失等。在案件受理后，在举证期限内，可以根据被告方的答辩增加新的证据，此时如有必要也可以向法院申请证据保全。

（9）庭审。举证期限结束后，根据合议庭的安排，参加庭审。

（10）领取判决结果，对案件是否上诉给被告以合理建议。

2. 作为被告代理人

（1）了解案情。了解原告权利情况及其所诉基本事实，去法院查阅卷宗，了解原告的证据情况。

如果客户在诉请碰到被申请停止有关行为或被申请财产保全或证据保全的情形，律师应指导客户配合法院相关执行活动的同时，申请查看申请人的相关情况，尤其是其权利证据、申请理由以及提供的担保等。

（2）确认是否需要寻求和解。根据原告的起诉状和证据，以及客户对情况的介绍，应具体分析案情，确认是否构成侵权或者侵权的程度，来决定是否建议客户寻求和解来解决纠纷，和解可以在诉讼进程中的任一阶段进行。

（3）答辩。如果客户确定应诉，应针对原告的诉请和证据相应地准备答辩理由和证据。商标诉讼侵权答辩要点一般有：①被告使用的标识具有合法来源；②质疑原告的商标权的正当性，包括反驳原告商标为驰名商标，必要时可以建议客户向商标评审委员会提出撤销原告的注册商标，但是目前商标评审程序所需时间较长；③双方的标识不相同亦不近似；④双方的商品或服务不相同亦不类似；⑤损害不存在、数额计算没有依据或者法定赔偿不合理等。

可以在答辩期间向法院递交书面的答辩状，也可以在开庭时进行口头答辩。

（4）收集证据。针对答辩要点，尽可能收集相应的证据。

（5）参加庭审。举证期限结束后，根据合议庭的安排，参加庭审。

（6）一审判决后，根据客户的要求，不服判决提起上诉或服从一审判决，在判决生效后就判决执行过程中亦可以寻求和解。

第三节 企业专利法务[*]

一、企业专利权的取得

（一）专利技术的发掘

企业为了获得专利权，需从如下几方面挖掘专利技术：

1. 从项目任务进行发掘

（1）明确项目任务的目标，即定位专利要解决的技术问题；

---

[*] 本节执笔人崔忠武，山东诚功（崂山）律师事务所副主任。

（2）分析完成任务的各组成部分、组成部分的技术要素、技术要素的创新点，即定位专利的技术方案；

（3）总结项目取得的技术成果，如产品的性能参数、成本、生产效率等数据，即定位专利取得的技术效果。

2. 从某一创新点进行发掘

（1）明确产品的某一创新点、该创新点的关联因素、该关联因素的其他创新点，即定位专利的技术方案；

（2）分析该创新点与现有技术相比的优越性，如产品的性能参数、成本、生产效率等数据，即定位专利取得的技术效果；

（3）总结与该创新点相对应的现有技术中的技术缺陷，如人工成本高、产品性能不稳定、某一性能差，即定位专利要解决的技术问题。

3. 从已有专利进行发掘

（1）分析已有专利的主要创新点，研究其实现技术效果的整体方案，发现该目标专利的替代方案、改进方案或包围方案，即定位专利的技术方案；

（2）根据采取的技术方案的类型，如替代型、改进型、包围型，对照现有技术、目标专利，定位上述技术方案要解决的技术问题，即专利解决的技术问题；

（3）总结采取的技术方案取得的技术成果，如产品的性能参数、成本、生产效率等数据，即定位专利取得的技术效果。

（二）专利申请的基本流程

律师（具有专利代理人资格的）代理专利申请，应该做好以下工作。

（1）与申请人洽谈，双方签署委托代理协议。

（2）指导申请人撰写专利技术交底书。专利技术交底书是帮助代理人理解发明创造点，写好申请文件的基础，律师（具有专利代理人资格的）应指导申请人写好专利技术交底书。

（3）进行背景技术检索，撰写申请文件。

（4）制作专利申请文本，提交专利申请。

申请发明专利的，申请文件应当包括：发明专利请求书、说明书（说明书有附图的，应当提交说明书附图）、权利要求书、摘要（必要时应当有摘要附图）。申请实用新型专利的，申请文件应当包括：实用新型专利请求书、说明书、说明书附图、权利要求书、摘要及其摘要附图。申请外观设计专利的，申请文件应当包括：外观设计专利请求书、图片或者照片；要求保护色彩的，还应当提交彩色图片或者照片；还应当提交外观设计简要说明。

（5）在初审程序中/发明专利实审阶段答复实质审查意见通知。

（6）办理登记手续，领取专利证书。

（7）专利授权后，管理相关期限和费用。

（三）专利权的布局

企业要进行专利布局，通常按照如下步骤进行：

1. 明确专利布局的目的

专利布局的目的，一是要明确专利所要实现的技术目标，这是进行专利布局的关键；同时还要明确该专利所要实现的市场竞争目标，既要不被竞争对手攻入还是要攻入竞争对手的技术领地。

2. 找出该技术领域的关键技术

该技术领域的关键技术，首先是该领域的核心技术和基础技术，便于将来获得核心专利；另一方面是虽不是核心技术和基础技术但是实现某种技术目的所必需的关键技术，该关键技术可以作为路障式布局所不可少的技术。

3. 发掘外围技术空间

围绕该领域的核心技术和基础技术，将其外围技术，包括应用技术、替代技术、产品及其外观设计、延伸技术及延伸产品等等技术空间进行挖掘；围绕某种技术目的，挖掘实现该技术目的的重要技术方案或所有技术方案以及替代技术方案。

4. 根据技术研发情况，制定专利布局方案

根据自身实力和研发情况，并根据该领域技术的发展状况，制订专利布局。一般情况下，对于该领域的技术处于起步阶段时，可采用路障式布局；技术处于发展阶段时，采用栅栏式布局或地毯式布局为好；而技术处于成熟期或衰退期时，可采用城墙式布局或包围式布局。

5. 根据专利布局方案，申请专利

专利布局方案研发所形成的技术方案，逐一申请专利，从而形成专利屏障。

二、企业专利权的运营管理

（一）专利的运营模式

专利运营是企业通过经营运作，将专利技术转化为生产力，从而实现经济效益的过程。在知识经济条件下，专利作为一种智力财产，同有形财产一样，可以转让、出租（实施许可）、质押，还可以作为出资入股，这些方式的运作，能为企业带来一定的收入，即体现了专利的财产属性，同时也体现了它的价值，实现了企业的经济效益。因此，从战略角度而言，专利运营的方式有以投资入股、抵押投资为主的投资方式，还有以转让、实施许可为主的交易方式。

（二）专利出资入股

专利出资入股是指以专利技术成果作为财产作价后，以出

资入股的形式与其他形式的财产（如货币、实物、土地使用权等）相结合，按法定程序组建有限责任公司或股份有限公司的一种经营行为。我国《公司法》及《合作企业法》中规定专利可以用来作价出资，这是专利作为资产出资的法律依据。

用专利作为出资，应当注意以下事项：

（1）出资人是用于出资专利的合法权利人，有该专利合法的处置权。

（2）出资程序上，应当按照如下程序进行：专利权入股首先须对专利的价值进行评估，依据评估的价值作为出资金额的依据；专利权人与其他股东就专利权出资事宜签署出资合同，约定出资的内容和比例，并据此起草公司章程；依据设立公司的出资合同和章程到专利局办理专利权转移于被投资的公司的登记和公告手续；办理出资的工商登记手续，凭专利权转移的手续，工商登记机关确定以专利技术入股的出资人股东的股东资格，并确认完成出资义务。

（3）在使用专利技术入股时，还必须注意技术资料的交接和权利的移交、专利入股方的技术培训和指导、后续改进成果的权属等等。

（4）要特别注意专利技术的可靠性。实践中虽然已授予专利权，但是该专利权也有可能此后被其他利害关系人申请无效宣告而废掉。尤所以在出资时有必要对专利进行检索，以明确其专利性，同时还应在合同中约定无效后的处理办法，避免出现纠纷后无章可依。

（三）专利质押融资

专利权质押是指债务人或第三人将拥有的专利权对所负有的债务向债权人进行担保，当债务人不履行债务的情况下，债权人有权把折价、拍卖或者变卖该专利权所得的价款优先受偿的物权担保行为。在专利权质押法律关系中，提供专利质押的专利权人叫出质人，获得该专利质押权利的人叫质权人，通常就是指债权人。

作为出质的专利权，必须是有效的处于授权状态专利权，在权属上没有争议，对于被宣告无效、未按照规定缴纳专利年费致使专利失效的或权属存在争议的专利，均不能办理质押。

专利质押的程序：签订专利权质押合同；办理质押登记。

（四）专利许可

专利许可也称专利实施许可，是指专利权人或其授权人许可他人在一定期限、一定地区，以一定方式实施其所拥有的专利，并向他人收取使用费用的一种交易方式。

专利实施许可在实践中有如下种类：

1. 普通实施许可

普通实施许可是许可方（专利权人）可以将专利技术多次许可他人使用的许可贸易方式。

根据这种许可方式，专利权人除了允许被许可人实施其专利外，还可以允许第三方使用其专利，专利权人自己仍然保留其专利的使用权。这种许可方式的好处是有利于专利技术的推广应用，但如果专利权人考虑不周，管理专利工作的部门管理失当，没有限制地签订这种实施许可合同，会导致专利产品的生产过剩，影响专利权人与被许可人的利益。

2. 排他性实施许可

排他性实施许可，是指许可方除允许被许可方在规定的期限和地区使用其专利技术外，不再与将专利技术许可给第三方使用，但许可方仍有权使用该专利技术。

3. 独占实施许可

独占实施许可，是指被许可方在规定的期限和地区内对许可方的专利享有独占的使用权,即被许可方是该专利的唯一许可使用者,许可方和任何第三方均不得在该地域和期限内使用该专利。

(五)专利转让

专利转让是指专利权人作为转让方,将其发明创造专利的所有权或将持有权移转受让方,受让方支付约定价款的交易行为。通过专利权转让,受让人取得专利权的当事人,即成为新的合法专利权人,原专利权人不再拥有该专利的支配权。根据我国《专利法》的规定,专利在授权后或者在申请中均可进行转让,所以专利权转让实际上是包括现有专利权转让和专利申请权转让。

进行专利权或专利申请权转让时,转让方和受让方应自行协商签订专利(申请)权转让合同,并向国家专利局办理著录项目变更手续。专利权转让主要包括两道手续:签订转让合同,办理变更登记,交接技术资料。

在办理专利申请权和专利权转让业务时,应注意以下几点:

(1)中国单位或者个人向外国人转让专利申请权或者专利权的,必须经国务院有关主管部门批准。

(2)转让专利申请权或者专利权的,让与人与受让人应当订立合同。

(3)应当向国务院专利行政部门办理登记。专利申请权或者专利权的转让自登记之日起生效。

(4)国防专利申请权和国防专利权只能向国内的中国单位或者中国公民转让,禁止向国外的单位或者个人转让。

三、企业专利权的管理

(一)专利管理的要素

专利管理的要素,即企业专利管理的对象,按照《企业知识产权管理规范》（以下简称《规范》）的规定，企业专利管理的要素包括：职责管理、资源管理、基础管理三方面。

1. 职责管理

职责管理包括企业管理承诺、专利方针和目标、职责权限和沟通、管理评审等方面。

2. 资源管理

资源管理包括专利的人力资源、基础设施、财务资源和信息资源四个方面。

3. 基础管理

按照《规范》的要求，企业专利的基础管理包括专利的获取、维护、运用、保护、合同管理和保密等方面的内容。

（二）专利管理的服务流程

企业专利管理工作贯穿于企业专利战略的始终，因此首先对其进行阐述。企业专利的管理工作流程主要包括：设立管理机构，明确管理职责，配备管理人员，建立管理制度。

1. 设立管理机构

专利管理机构是对企业专利的信息收集与分析、创造、运用、保护以及文化建设进行管理的部门，在实践中，企业专利管理部门的设置，有如下几种模式：

（1）将专利管理部门设置为独立的部门，与企业的行政、业务、财务等部门一起并列为企业的分支机构；

（2）将专利管理部门隶属于企业的研发部门，如华为公司，其成立的专利部隶属于研发体系；

（3）将专利管理部门隶属于企业法律部，比较典型的是德国的拜耳公司；

（4）由企业的综合管理部来直接负责专利的管理工作；

（5）由企业的法律部和研发部来共同管理专利工作。

上述仅是几种主要的企业专利管理部门设置模式，企业在战略实施过程中，应结合本单位的实际情况而定，本着有利于管理、提高效率的原则设定专利管理部门，不必盲目效仿。

2. 明确管理机构的职责

为了有效地开展工作，必须要明确专利管理部门的职责，确立该部门的工作范围、责任和义务。一般而言，专利管理部门的职责主要有：负责专利信息的收集和分析、参与专利的决策，办理各项专利的申请、登记手续，为研发部门提供有关的信息服务，参与关于的专利的运营及维权工作等。另外，在明确管理职责的同时，企业还应理顺专利管理部门与其他部门之间的关系，因为在战略实施过程中，该部门需要与其他部门协同开展工作。

3. 配备管理人员

专利管理人员可以是企业的技术研究人员、法律事务人员、管理人员及营销人员等。因为专利管理工作专业性较强，因此企业专利管理部门配备的人员，必须掌握专利法律知识，熟悉专利的发展状况；同时还应具有良好的沟通与协调能力，其中是专利权的管理人员，最好具备理工科背景。

4. 建立专利管理体系文件

即制订企业专利管理制度，分别对管理模式、工作流程、侵权监控、权利保护、绩效考核、教育培训等方面加以规范化。建立一套系统、完善的企业专利管理制度，既是实施专利战略工作的一项重要内容，也是完善现代企业管理制度的需要。

企业管理体系应形成文件，并贯彻实施和持续改进，专利管理体系文件应包括：

（1）专利管理方针和目标；

（2）专利手册；

(3) 本标准中要求形成文件的程序和记录。

从制度的角度而言，企业管理体系文件主要体现为企业一系列的管理制度以及履行制度所形成的记录文件，这些制度文件包括：专利管理的制度文件以及与专利相关的协议（合同）等管理制度文件、与人员流动相关的专利管理制度文件、与科技创新激励、奖惩相关的制度管理文件、与专利市场监控、维权、处理相关的管理制度文件。这些制度文件形成有机的整体，是企业现代制度的重要组成部分。

上述文件中最重要的就是专利管理手册，它是专利管理体系文件的核心内容，专利管理手册通常主要包括下列内容：

(1) 专利方针目标和基本要求；

(2) 专利机构设置、职责和沟通；

(3) 为建立专利管理体系所形成文件的程序或对其引用；

(4) 专利管理体系过程之间相互作用的表述。

(三) 专利管理的制度化体系

专利管理的实施和运行是在业务环节实施专利管理。实施和运行的贯穿于企业生产经营的各个阶段，包括概念阶段、研究开发阶段、采购阶段、生产阶段、销售和售后阶段。

1. 概念阶段

概念阶段即产品立项阶段，在产品立项时，企业应分析该项目所涉及的专利信息，包括各关键技术的专利数量、地域分布和专利权人信息等，通过专利分析及市场调研相结合，明确该产品潜在的合作伙伴和竞争对手。同时进行专利风险评估，并将评估结果、防范预案作为项目立项与整体预算的依据，避免重复研发和资源浪费。

上述任务完成，企业应着手编制立项报告（如新产品开发立项报告），立项报告内容应包括：对项目领域的科技文献、专利文献进行检索，对该技术领域的现有技术发展、专利善和竞争对手状况进行分析等。

2. 研究开发阶段

企业在研究开发、技术改进时，应对该领域内的专利信息、相关科技文献及其他公开信息进行检索，对项目的技术发展状况、专利状况和竞争对手状况等进行分析，在检索分析的基础上，制定专利布局规划。

企业要跟踪与监控研究开发活动中的专利，适时调整研究开发策略和内容，合理利用他人专利，规避侵权风险。

对于研发成果，企业要及时进行评估和确认，明确保护方式，适时形成专利。

同时，企业还要建立研发成果信息发布审批相关制度，研发成果信息按规定的程序审批后对外发布（例如有的企业规定重大成果由品牌部发布，一般成果由市场部发布）。

在整个研究开发过程中，企业要注意保留研究开发活动中形成的记录，并实施有效的管理。

3. 采购阶段

企业在采购涉及专利的产品过程中，应收集相关专利信息，必要时应要求供方提供权属证明，避免出现侵权或卷入专利纠纷。同时企业还要做好供方信息、进货渠道、进价策略等信息资料的管理和保密工作，因为这些都属于企业的经营信息，属于商业秘密的范畴。

企业在采购合同中应明确专利权属、许可使用范围、侵权责任承担等，避免出现纠纷。

4. 生产阶段

企业在生产阶段，专利的管理要点主要包括：

（1）及时评估、确认生产过程中涉及产品与工艺方法的技术改进与创新，明确保护方式，适时形成专利；

（2）在委托加工、来料加工、贴牌生产等对外协作的过程中，应在生产合同中明确专利权属、许可使用范围、侵权责任承担等，必要时，应要求供方提供专利许可证明；

（3）保留生产活动中形成的记录，并实施有效的管理。

5. 销售和售后阶段

企业销售和售后阶段的专利管理包括：

（1）产品销售前，专利管理部门对市场同类产品专利状况进行调查分析（专利分布、商标注册情况），对公司产品的专利建立保护机制，也防止销售侵犯他人专利的产品；

（2）在产品宣传、销售、会展等商业活动前制定专利保护或风险规避方案；

（3）建立产品销售市场监控程序，采取保护措施，及时跟踪和调查相关专利被侵权情况，建立和保持相关记录；

（4）产品升级或市场环境发生变化时，及时进行跟踪调查，调整专利保护和风险规避方案，适时形成新的专利。

四、企业专利权的保护

企业专利保护是指企业针对其拥有的专利权采取正当、合法的有效手段，防止或制止他人侵权的法律行为。其中，防止他人侵权的行为主要是指企业内部的保护，是指企业自身应根据企业内部的实际情况，制订相应的专利保密制度，实施相应的专利保密措施，以加强企业自身知识成果的保密性，保护企业的专利技术竞争力的内部保护方式，主要包括：例如：企业内部保密意识的宣传与培训、企业保密制度的确立与执行、与员工保密协议的订立与考核、采取物理技术保密隔离措施、软件方面内部保护措施建立预警机制和应急预案等。由于内部保护也是企业专利管理的内容,也因此该部分内容在专利管理篇中阐述。

专利权的保护方式主要有:行政保护、司法保护、海关保护和国际保护四种方式。

(一)行政保护

企业应善于通过国家行政管理机关,依据有关法律的规定,运用法定行政权力,通过法定的行政程序,用行政手段来实现对企业专利的法律保护。专利权的行政保护是通过专利主管机关国家专利局及各级地方专利局进行的保护。根据我国专利法的规定,专利局对专利侵权行为依法拥有如下权力:

1. 制止专利侵权行为

根据专利法的规定,对于未经专利权人许可,实施其专利而构成侵犯其专利权,引起纠纷的,由当事人协商解决;不愿协商或者协商不成的,专利权人或者利害关系人可以请求管理专利工作的部门处理。管理专利工作的部门处理时,认定侵权行为成立的,可以责令侵权人立即停止侵权行为。进行处理的管理专利工作的部门应当事人的请求,可以就侵犯专利权的赔偿数额进行调解;调解不成的,当事人可以依照《民事诉讼法》向人民法院起诉。如侵权人在法定期限内对停止侵权处理决定未向法院提起诉讼,又不停止侵权行为的,管理专利工作的部门可以申请人民法院强制执行。

2. 进行行政处罚

根据专利法的规定,对于假冒专利的,除依法承担民事责任外,由管理专利工作的部门责令改正并予公告,没收违法所得,可以并处违法所得4倍以下的罚款;没有违法所得的,可以处20万元以下的罚款;构成犯罪的,依法追究刑事责任。

管理专利工作的部门根据已经取得的证据,对涉嫌假冒专利行为进行查处时,可以询问有关当事人,调查与涉嫌违法行为有关的情况;对当事人涉嫌违法行为的场所实施现场检查;查阅、复制与涉嫌违法行为有关的合同、发票、账簿以及其他有关资料;检查与涉嫌违法行为有关的产品,对有证据证明是假冒专利的产品,可以查封或者扣押。管理专利工作的部门依法行使上述职权时,当事人应当予以协助、配合,不得拒绝、阻挠。

(二) 司法保护

专利权司法保护,是指企业对侵犯专利权的行为通过司法途径进行保护。企业可通过如下几种司法保护途径来实现本企业专利的保护:

(1) 由企业作为享有专利权的权利人提起民事诉讼,以及追究侵权人的民事法律责任;或国家公诉人向法院对侵权人提起刑事诉讼,以及追究侵权人的刑事法律责任;

(2) 不服知识专利部门处罚的企业向法院提起行政诉讼,通过司法程序对行政执法的合法性进行审查,以达到行政处罚的合法、合理;

(3) 通过法院对专利权属纠纷或许可使用合同纠纷等专利权纠纷进行处理,以维护企业作为专利人的合法权益;

(4) 就某专利申请或某专利无效宣告存在的争议,请求法院对国家专利局作出的决定的合法性进行终局的司法审查。

相对于行政保护而言,司法保护具有时间长、维权成本高的缺点,但是它却是专利权保护的最终方式,行政保护如有异议,大都还要最终通过司法保护解决。随着我国经济的发展以及人们专利意识的不断提高,专利司法保护的案件正在不断增长。据最高人民法院 2013 年度专利案件工作报告统计指出,2013 年度专利案件数量呈现猛增势头,增长率创 2009 年以来新高。专利等技术类案件增幅较大,所涉法律问题深度触及专利基本制度和基本理念,所涉技术事实愈加前沿和复杂,市场价值和利益更加巨大;专利行政案件增长较快,涉及医药、电子、通讯等领域基本专利的案件比重增大;专利民事案件中涉及侵权判定规则的案件较多;植物新品种案件呈现高速增长态势。

(三)海关保护

专利的海关保护是指海关对与进出口货物有关并受中华人民共和国法律、行政法规保护的专利权实施的保护。启动海关保护模式的前提是企业必须按法律规定的程序在海关办理专利权备案登记。

专利权人将自己的专利在海关备案后,发现侵权嫌疑货物即将进出口的,可以向货物进出境地海关提出扣留侵权嫌疑货物的申请,并应当向海关提供不超过货物等值的担保;海关发现进出口货物有侵犯备案专利嫌疑的,应当立即书面通知专利权人,专利权人自通知送达之日起 3 个工作日内依照规定提出申请,并依照规定提供担保。海关根据权利人的申请及担保,扣押涉嫌侵权的货物。海关应当自扣留之日起 30 个工作日内对被扣留的侵权嫌疑货物是否侵犯专利进行调查、认定;不能认定的,应当立即书面通知专利权利人。

被扣留的侵权嫌疑货物,经海关调查后认定侵犯专利的,由海关予以没收。海关不能认定被扣留的侵权嫌疑货物侵犯专利权利人的专利,或者人民法院判定不侵犯专利权人的专利的,专利权人应当依法承担赔偿责任。

(四)国际保护

专利权的国际保护是指通过订立多边条约、双边条约、国际公约、地区性条约等来实现缔约国之间的专利保护,这主要发生在企业的资本、商品、技术从国内市场走向国际市场的过程中。目前涉及专利权保护的国际公约有：《建立世界知识产权组织公约》《与贸易有关的知识产权协议》《保护工业产权巴黎公约》《工业品外观设计国际注册海牙协定》《建立工业品外观设计国际分类洛迦诺协定》《专利合作条约》等。上述国际公约、条约，除了《工业品外观设计国际注册海牙协定》外，我国已经全部加入。因此我国企业的专利在国际上可以通过我国已经加入的公约、条约寻求保护。

第四节 企业商业秘密法务

企业要稳定传统优势产品，培育新兴战略性产品，开拓新兴市场，抢占新能源等制高点等，无一不关联着技术开发、技术创新，而商业秘密则是企业创新成果的一种重要表现形式。与专利、商标、著作权等其他具有知识产权性质的无形资产相比，它具有保护范围更加宽泛，无需向有关管理机关申请或交纳年费，程序简单，保护期限和地域不受限制、非公开性等优势，但同时又存在难以认定，不具备绝对的独占性等缺点，纵观各市场经济国家，无一不重视对商业秘密的法律保护。因为采用商业秘密保护往往更有利于企业对技术信息、经营信息的控制和垄断，尤其是那些技术难度大，其他企业和个人在若干年内不可能开发出来的专有技术。企业可以根据自身发展现状，合理界定商业秘密，并根据商业秘密对本企业的重要性和价值大小，将其划分为核心秘密、重要秘密、一般秘密三个级别，同时明确各项商业秘密的保密期限，以便管理和使用。[1]

---

[1] 唐琚：《企业知识产权战略管理》，知识产权出版社2012年版。

一、企业商业秘密的合法获取途径

商业秘密不同于其他知识产权,他人如果通过合法的手段获得或者使用权利人的同样信息,不构成侵犯商业秘密。在激烈的市场竞争中,企业应学会通过调查、跟踪、收集、研究竞争对手的情报信息,并通过科学的分析方法来获取商业秘密。商业秘密可以原始取得,也可以继受取得。前者如通过自主研发、反向工程获取商业秘密,而继受取得主要通过受让或获得实施许可使用等方式取得。原始取得,可通过研发立项、记录文件、试验数据、技术成果验收、备案文件等证明商业秘密的形成及归属;继受取得,主要通过合同方式证明全部或部分取得商业秘密。继受取得仅指技术秘密,经营秘密不涉及该取得方式。权利人以商业秘密出资的,接受该出资的企业也可全部或部分取得商业秘密。

(一) 独立研究开发获取商业秘密

某一主体商业秘密的取得并不能排除另外的主体以相同或相异的研究开发途径获取同样的商业秘密,尤其是技术秘密。先取得商业秘密的主体没有权利禁止后取得同样商业秘密的主体使用。商业秘密权不具专有性,后来经自行创造、独立构思而取得商业秘密的主体与此前已获得同样商业秘密的主体都享有商业秘密权。在独立开发研究的过程中,情报工作的意义在于缩小商业秘密信息的范围,尽可能将商业秘密限定在一个相对狭小的区间,削弱其秘密成分,对于商业秘密的核心部分予以准确定位,以便于集中力量,一举突破,促使独立研究开发成功。这要求情报工作要尽量将商业秘密的非核心部分获取。在许多情况下,完备周详的外围情报可使商业秘密得以凸显和明朗化,使独立开发商业秘密变成现实。

(二)通过反向工程获取商业秘密

知识经济与全球化时代的来临,使企业间的竞争日趋激烈,只有比竞争对手更有效率地推出满足市场需求的产品,企业才能保持竞争优势。为此,企业必须拥有和掌握一定的技术资源。然而,一些新兴的、成长中的企业和技术相对落后的企业通常没有能力或者无法通过其他途径获取先进技术。在这种情况之下,通过反向工程(Reverse Engineering)来破解相关的知识原理和获得先进技术秘密就成为这些企业的选择。反向工程,一般被概括为通过对从公开渠道取得的产品进行拆卸、测绘、分析等技术手段而获得该产品的有关技术信息的方法。商业秘密权利人的市售产品蕴涵的商业秘密信息一旦被竞争对手通过反向工程分析获知,则其秘密性相对于竞争对手随即丧失,原权利人也将失去相应的权利。由反向工程得到的技术秘密可以构成进行反向工程的主体自己的商业秘密,原权利人无权干涉。实施反向工程的必要前提是产品的获得途径必须合法,这种通过反向工程得到商业秘密的方式属于正当竞争的范畴。应当强调的是,取得产品的合法性要充分。在有些情况下,比如对于出租产品,其中的商业秘密便不允许应用反向工程获取。因为出租产品的所有权仍属出租人,只不过使用权暂时有偿归租用人行使而已,产品中所含的商业秘密也同样属于出租人,他人不得开拆、分解、不得窥视,这称为"黑箱封闭"。出租人与承租人若在合同中明确规定"黑箱封闭"条款,这时实施反向工程便属违法行为。情报信息工作中实物情报的收集获取对反向工程有重要的意义,反向工程涉及敏感的技术秘密,容易产生纠纷、诉讼。除了在情报工作中注意保存好有关反向工程解剖对象取得的合法性证据,如供货合同、产品发票等以外,还要注意对反向工程实施过程进行详细的文字记载及录像等。

(三) 商业秘密的情报分析获取

情报综合分析是获取商业秘密的重要方法，对于经营秘密信息尤其有效。企业的活动存在于社会现实环境，其内在的、非公开的一些经营秘密信息必然会在业务往来、经营运作中透射出来。即使保密措施再严密，也不可能全无形迹可察。情报工作瞄准明确的目标，长期、持续地跟踪、收集和积累，然后运用科学的方法综合分析判断，便可以勾勒出竞争对手商业秘密的轮廓，揭示出商业秘密的底蕴情报分析方法如果使用得当，往往能取得意想不到的效果。

(四) 由商业秘密权利人的疏忽泄露而获取

在商业秘密权利人疏忽的情况下，第三人取得商业秘密是合法的。亦即商业秘密权利人在并未声明保密的情况下泄露了其商业秘密而为另外的主体获得，并不视为侵权行为。比如在办公室、公共场所或交通工具中随便谈论某些产品或生产方法，被他人听到，从而无意中掌握了商业秘密或者由于权利人对图纸、文件等载有商业秘密内容的保密资料保管不善而流失，都视为第三人从合法渠道得到商业秘密。[1] 前述"企业商业秘密的容易泄露途径"里提及的"接待外来人员采访、参观、考察、实习中疏忽大意"，"在交流与合作中被获取商业秘密"和"废旧载体的泄密"都是由于商业秘密权利人的疏忽而造成的泄露。

(五) 依据合同取得商业秘密

取得商业秘密的合同既包括技术开发合同、技术转让合同、技术咨询合同、技术服务合同、技术培训合同、技术进出口合同等技术合同，也包括企事业单位之间的合作合同、合资合同等。依据合同取得部分商业秘密的，不得以不正当手段获取权

---

[1] 尹学俐："企业商业秘密管理刍议"，载《中共郑州市委党校学报》2015年第1期。

利人未披露部分的商业秘密。除非该约定违反法律强制性规定或者具有其他可以变更、撤销等情形存在。在合同没有约定或者约定不明的情形下：

（1）委托开发的技术秘密，当事人均有不经对方同意而自己使用或者以普通使用许可的方式许可他人使用技术成果（未申请专利前可以作为技术秘密），并各自独占由此所获利益的权利；

（2）当事人一方将技术秘密成果的转让权让与他人，或者以独占或者排他使用许可的方式许可他人使用开发的技术成果（未申请专利前可以作为技术秘密），必须经过对方当事人同意或者得到追认；

（3）对于委托开发合同的研究开发人的约束是不得在向委托人交付研究开发成果之前，将研究开发成果转让给第三人。

委托开发的技术秘密，依当事人签订的协议而定；协议没有约定或者约定明确的，归开发人享有，委托人享有技术秘密使用权。后续改进的技术秘密，没有约定的，归属后续改进的开发人享有。

（六）容易被忽视的企业商业秘密

1. 方法、程序、阶段性成果和研究开发的有关文件

技术在研发过程中，没有申请专利之前是属于商业秘密的，因为记录了研究和开发活动内容的文件就是商业秘密。如蓝图、图样、实验结果、设计文件、技术改进后的通知、标准件最佳规格、检验原则等都在商业秘密的范畴里。

2. 机器设备的改进

在公开市场上购买的机器、设备不是商业秘密，但是如果经公司的技术人员对其进行了技术改进，使其具有更多用途或效率更高，那么这个改进也是商业秘密。

3. 客户名单

客户名单不为公众所知悉,并不是客户自身具有秘密性,而是经营者与客户的具体交易关系具有秘密性。其经营者并不知道客户需要这一类产品或服务,要得到客户是需要花费一定时间和财力的,这一信息被竞争者知道后,势必对企业不利。客户名单中的信息即使是通过单位员工辛苦努力获得,并是其自己收集、归纳整理而形成的,那也归属于单位所有。因为员工领取薪酬,在该岗位上属于履行工作职责,经营信息只有在市场竞争中才有其优势价值,员工个人的努力是促成价值的实现,并不是商业秘密中价值性的直接体现。

客户名单是否构成商业秘密,除依据商业秘密的一般构成要件认定外,主要根据以下内容认定:

(1) 是否与权利人的经营活动相关,是否花费了物力和人力,权利人进行了较长时间的投资,付出了一定的体力和脑力劳动,形成了较为稳定的交易关系;

(2) 竞争者不能从公开渠道轻易获得,客户名单需要经过长时间的积累、收集、加工和整理;

(3) 具有特定性。客户名单的内容应包括客户的名称、联系方法、需求类型及习经营规律、价格的承受能力等深度客户信息。受法律保护的客户名单应是具体明确的、区别于可以从公开渠道获得的普通客户的值息。

4. 企业内部文件

与公司各种重要经营活动有关联的文件,也是商业秘密。如采购计划、供应商清单、销售计划、销售方法、会计财务报表、分配方案等都是企业的商业秘密。它们若被竞争对手知道,则会产生不良后果。

5. 与公开信息容易混淆的经营信息

商业秘密中的经营信息与企业应当公开的数据信息紧密相连，不易划分，也最易遭受不正当的侵犯。因此，必须运用多种手段明确界定应公开的企业信息与商业秘密之间的关系既保证信用服务机构公正、合法地搜集、分析和披露企业应公开的信息，保护授信者的合法权益；又防止授信者以商业秘密为由拒绝公开自己的信息，以促进信息的有效使用和保护，建立完善的企业信用管理体系。

二、企业商业秘密的运营管理

（一）确保员工了解公司的保密政策和保密制度

企业要加强对员工的保密教育，使员工了解企业文化、保密范围、工作规则、违约后果等，使员工认识到保密工作的重要性，防止在外来参观、咨询或洽谈业务中泄露。确保员工了解公司的保密政策和保密制度，并确保企业的书面保密政策和保密管理制度发放到员工手里，组织员工学习，并保存相应的培训记录。只有完善这些书面文件或记录，在商业秘密侵权现象发生时，才有可能举证证明这些政策和制度所涉的信息范围为商业秘密，并能使知识型员工自发地形成对企业的忠诚感和责任感，平衡商业秘密管理带来的副作用。[1]

1. 商业秘密保护制度属于企业规章制度中的一部分，也是技术创新知识产权保护的一部分，因此在设定时既要注意其特殊性，也要注意统筹协调、综合安排。与其他劳动制度（劳动合同）、人事制度、知识产权制度不相衔接，甚或抵触的商业秘密保护制度往往要给其他制度让路，尤其可能在诉讼中得不到

---

[1] 高倩："论企业商业秘密的管理"，载《现代商贸工业》2016年第29期。

支持。而且，商业秘密保护制度往往是单向的，由单位制定，告知全体员工予以遵守和执行。因此设定的制度内容必须要遵守《公司法》《劳动法》的有关规定。《最高人民法院关于审理劳动争议案件适用法律若干问题的解释（二）》第16条规定："用人单位制定的内部规章制度与集体合同或者劳动合同约定的内容不一致，劳动者请求优先适用合同约定的，人民法院应予支持。"另外，制度设立的要求是保障员工的合法权利，这是规章制度建立和执行的基础。毕竟制度是需要执行的，所以要公开、公平和尊重员工。

2. 商业秘密保护的核心价值是诚实信用，其解决商业竞争中公平、有序和维护基本的道德准则。因此，在设定规章制度时要提醒员工注意树立商业秘密的基本观念，并在企业文化中培养员工对企业的忠诚、企业对员工的信任、交易之间诚信、公平等理念，否则再完善的商业秘密保护制度，没有共同发展的职业环境，没有良好氛围的企业文化，没有彼此尊重和信任的观念，也难以保持竞争优势的持久发展。

3. 当对商业秘密权利人内部设立的规章制度是否设定有保密规定予以考查时，往往忽略了对制度是否执行、执行漏洞或未履行合约所导致的商业秘密丧失的可能性。还有重要的一点就是企业的规章制度需要公示，而不是制定完成后锁进抽屉，等待需要时再拿出来。未公示的规章制度不能认为是采取了保密措施的有效证据。[1]

4. 企业设立商业秘密保密的规章制度，可以采用以下方式向全体员工公开和明示其内容，公开或者明示过程应当以可以证明的方式予以记载和保存。

---

[1] 熊惠子："企业商业秘密保护的常见问题及策略研究"，载《企业技术开发》2016年第21期。

（1）在指定位置张贴规章制度；

（2）在集体会议上公布规章制度的内容和法律性质；

（3）员工书面确认知悉规章制度的内容及法律性质，承诺遵守。

（二）划定参观区域与保密区域

企业应对本企业的生产经营场所划定参观区域与保密区域。对于涉及企业独特制造工艺、模具、样品等商业秘密的，应划定为保密区域，设置明显标志及其他隔离防护措施，拒绝参观。对于不涉及企业商业秘密的区域，企业可以划定为参观区域，可以组织参观。这样，既可以满足客户的要求，增加合作机会，又能避免他人通过参观非法获取商业秘密。

（三）谨慎选择合作对象

了解参观者的基本情况和意图有些不法人员为获取他人的商业秘密，便以合作为名而要求参观企业。企业不注意保密，往往会不知不觉地造成泄密。因此，企业应对客户的基本情况、参观目的、参观内容等进行必要的了解与核实，发现公司有可疑情况的，或者无真实合作意愿的，应拒绝其参观。企业可以要求其提供基本资料，并可以通过其他途径了解、核实其真实性，防止其借参观之名非法获取商业秘密。根据《合同法》的规定，当事人在订立合同过程中知悉的商业秘密，无论合同是否成立，都有不泄露或者正当使用的义务，若有违反，给对方造成损害的，应当承担赔偿责任，当事人一方对在履行合同中知悉对方的商业秘密，负有保密的义务，并承担由此产生的法律后果。合同终止后，当事人一方因合同关系知悉对方商业秘密的，即使未订立合同终止后的保密协议，也应当承担保密义务。据此，可以通过与之签订合同要求合作方和参观者保守秘密。

（四）与员工签订保密协议

这不仅是保护商业秘密的最好方法之一，也往往是执法机关判断保密措施是否合理的一项重要因素,没有保密协议可能导致公司的商业秘密得不到法律的保护。可以在《劳动合同》中加列保密条款,也可以单独签订保密协议,要求员工遵守保密义务。签订技术保密协议,应当遵循公平、合理的原则,其主要内容包括:保密的内容和范围、双方的权利和义务、保密期限、违约责任等。一般而言,员工对企业承担保密义务的内容包括:保守商业秘密的义务;正确使用商业秘密的义务;获得商业秘密职务成果及时汇报的义务;不得利用单位的商业秘密成立自己企业的义务;不得利用商业秘密为竞争企业工作的义务,等等。而且,保密协议、保密条款并不因劳动合同、劳动关系的终止而终止,在员工离职后的一定期限内仍然有效。

(五)与涉及商业秘密的人员签订竞业限制协议

除了保密协议,为防止竞争者引诱人才跳槽,竞业限制协议是企业一个较好的选择。竞业限制就是根据法律规定或者劳动合同的约定,在劳动者自营或者为他人经营与用人单位有竞争关系的同类产品或者业务方面,对劳动者作出的限制或禁止。一般包括在职期间的竞业限制和离职之后的竞业限制。为避免用人单位的商业秘密被侵犯,员工依法定或约定,在劳动关系存续期间或劳动关系结束后的一定期限内,不得到生产同类产品或经营同类业务且具有竞争关系的其他用人单位兼职或任职,也不得自己生产与原单位有竞争关系的同类产品或经营同类业务。其核心内容在于约定离职者不得利用在原单位掌握的商业秘密从事此行业的不正当竞争业务。很显然,竞业限制协议与员工的择业自由相冲突。竞业限制之所以被允许,是基于商业秘密保护的一个重要原则,即不可避免披露原则。[1]

---

[1] 张黎:《〈中华全国律师协会律师办理商业秘密法律业务操作指引〉释解》,北京大学出版社2017年版。

(六)离职员工的交接管理

关于员工离职时工作交接的具体内容,由直接经理确定相关内容和项目,并且(书面)明确要求员工必须交还相应的资料;在"离职程序确认表单"中的具体归还内容(技术资料、培训资料、专有信息)应细化;在员工个人档案中应保存相应的培训记录,并尽量记录其所接触的涉密信息、范围。对于即将离职的员工,跨国公司甚至根据级别,大部分员工的电脑都是不能安装软驱和移动硬盘接口的,公司的普遍做法是在通知员工离职前便冻结员工在公司的所有权限,在离职员工知道自己被解聘之前,公司便封掉了该职员在享局域网上的账号,员工就不能进入公司的网络获取任何资料。

(七)经营管理中形成的经营秘密权利归属

权利人在经营活动中积累或形成的经营秘密,权利归其享有。经营秘密的归属问题比较简单,谁策划、积累的归谁所有。之所以管理模式的设立需要综合考虑单位自身性质、管理结构和模式以及商业秘密的具体情况,是因为可能构成商业秘密的信息复杂多样,创造过程、成果形式都不相同,还有些信息是在研发特定目标时无意中形成的;有的企业则是以受让转化技术成果为主,自己并不进行研发工作,但在受让实施、转化过程中,也可能"意外获得"商业秘密。《深圳经济特区企业技术秘密保护条例》第7条规定:"因意外获取的技术秘密,应当以合理形式保密,由此产生的合理费用,权利人应当予以补偿。"其中的"意外获得",就具有这种性质。对于商业秘密的保护,不好作出一个统一的管理模式。以下管理模式可供参考,基本上几类模式可以综合利用,也可以单独实施,具体还是要看项目本身的特性适应于哪种模式:

(1)分项目管理。在技术研发或者营销中,不将全部事务或者信息集中于某组人员中,而是根据不同的项目或者市场效果区域,分别组建相应的团队进行。每组团队,只能知悉自己项目的必要信息,彼此之间不互通信息。

(2)分阶段管理。在技术研发中,根据项目的特性,将研发过程分成几个阶段,每个阶段完成后交接给下个阶段的小组成员,如同接力赛一样,最终完成研发过程阶段的分割使得任何一个研发人员均无法将技术信息汇总为一项完整的技术方案。

(3)分地域管理。分地域管理对于经营信息,尤其是客户名单是十分有效的,不同地域之间的客户信息在同一的规则下并不互通。员工只负责该地域的客户开发维护工作,获取的相关信息由该地域负责人收集、整理,形成客户名单。业务人员有其他地域客户的,也要按照程序交由该地域的业务人员统一管理。不同地域的分支机构,进行分别研发。

(4)分部门管理。分部门管理与分项目管理不同,在内部形成几类不同的研发部门,既可以按照研发阶段区分,也可以按照研发项目区分,还可以按照人员的研发区分。

(5)分人员管理。分人员管理是指两个方面:一是研发人员区分;二是上下级水平人员之间的区分。在企业中,基础的是技术人员,然后逐层向上是技术主管技术总监、技术副总,等等。每个层面的人员所掌握的信息量不同,职责和所承担的风险也不同。

(八)对商业秘密进行备份

企业可以光盘、软盘等物质载体存储现有信息系统数据,以防止企业计算机信息系统因各种原因造成资料丢失。数据备份是一种简单易行的保护企业商业秘密的方法。当然,企业对于备份的商业秘密要进行严密保管。

(九)数据加密

在员工使用网络传输涉及商业秘密的文件信息时,可以使用加密计算机程序,取得"解密"钥匙。信息的被送达人享有该钥匙,进行解密而取得信息。这种措施对于传送文件、信息途中的窃取、窃听,以及员工因过失按错送达对象按钮,都可以有效地保守秘密。另外,可以要求员工对自己使用的密码经常更换,还要注意员工滥用钥匙、丢失钥匙等情况的发生。

(十)数字认证和数字签名技术

通过数字认证,身份识别技术,企业可以对加密的商业秘密在通过互联网传输时保证只能由被授权的用户获得,防止在传输过程中被他人非法截获、截取、篡改或披露,从而可以保证信息的安全性和完整性。认证技术用以解决网络通讯过程中通讯双方的身份认可,数字签名技术用于通信过程中的不可抵赖要求的实现。

(十一)防火墙

防火墙是企业内部网和互联网的连接点,控制来往的数据流,负责信息过滤。使用防火墙,一方面是抵御来自外界的攻击。另一方面是为了防止在服务器内部部分未经授权的用户的攻击。企业必须在内部网和互联网之间加上一个安全隔离带。这个隔离带的建设可以采取在原局域网的基础上附加特定的软件建立防火墙的方式实现。这一措施旨在对企业输入和输出的信息进行安全过滤,保障只允许被授权的信息通过,有效阻止内部的非法操作和数据向外扩散。

(十二)整机隔离技术

网络隔离是不同于防火墙的更为安全的双网数据交换技术。目前的网络隔离技术是整机隔离,这种整机隔离技术实现了硬盘、内存和 USB 接口等 PC 所有存储部件的物理隔离,能够成功抵御复杂网络环境下的多种攻击,使安全性得到大幅度提升。

(十三)采用信息屏蔽技术

针对计算机等信息设备的信息泄露途径,可以采取一定的电磁屏蔽技术,防止系统中的信息在物理空间上扩散。

(十四) 防窃听技术

防窃听着重注意电话、手机、无线扩音、传真等空中信号的窃听和便携式、固定式窃听器的窃听。一是重要信息采用商用密码传输;二是不用普通通信工具传递或谈论商业秘密信息,没有替代设备又确需传递的,应设定商业秘密代号和通话密语;三是召开秘密会议不用无线扩音设备;四是接待外来人员应设定专用场所,尽可能不要与内部会议室和办公室混用并在外来人员走后进行认真检查,防止借机放置窃听器;五是可定期聘请有关部门进行防窃听"扫除";六是出境期间在宾馆,特别是在境外接洽企业特意安排的宾馆下榻时,要提防房间内有可能事先安装的窃听器或者针孔摄像镜头,避免在房间或一些特定地点商谈商业秘密。

(十五) 建立企业网络安全检查制度

网络安全的维护是确保企业商业秘密安全,及时消除隐患的重要保障。企业应建立定期或不定期的网络安全检查制度,一旦发现问题,应采取紧急处理措施,以防止损失的扩大。还要注意当计算机与网络设备交由外部人员修理时,必须先拆卸涉密存储设备,防止商业秘密被修理人员窃取。

(十六) 在复印机、打印机的使用过程中保障信息安全

除有特殊需求,企业一般可选择不带硬盘的复印机,如果选择带有硬盘的复印机,则在使用时应尽量选择不保存或及时清除信息。对于机密数据,最好是使用专业的脱密方法,比如用专业的消磁设备将硬盘空间及替换空间彻底清空。对掌握企业商业秘密的人员特别是企业高级管理人员,配备专用打印机,可以避免打印文件的内容被他人知悉。

三、企业商业秘密的泄露途径

（一）互联网的泄露

科技的进步让企业安全危机四伏，网络的公开性、广泛性、信息易得易复制等特点，使得网络的商业秘密更容易受到侵犯，且侵权手段简便，侵权行为隐蔽，企业往往难以控制和保护自己的商业秘密。还有就是在微博交流中不经意地泄露了商业秘密，经常会有不同的企业关注一些业内同行以及行业资讯的微博，通过这个平台，能够了解竞争对手最新的资讯和掌握更多的知识和信息，同时能够立刻掌握对手的发展动态。[1]

（二）人力资源流动的泄露

知识经济时代科技创新能力成为决定企业成败的关键，而科技人力资源作为知识的载体，在科技创新中，在企业之间的竞争起着决定性的作用。人力资源流动侵犯商业秘密的现象非常突出。

（三）人才租赁的泄露

人才租赁，也叫人才派遣，是一种新的人力资源配置模式，即人才租赁公司为人才租赁提供代发薪酬、代买社保、代签劳动合同等服务，而采用人才租赁方式的用人公司只需要请人完成一定的工作却不需要管理这些人员的劳动人事问题。用人但不需管人是其最显著的特点，用人单位与被租赁人员不存在隶属关系，而是有偿使用关系。

（四）在接待外来人员采访、参观、考察、实习中疏忽大意

企业在经营过程中，经常会邀请或同意客户对本企业进行参观访问，参观访问有助于扩大影响，获得订单，赢得客户信

---

〔1〕 马艳玲："浅析企业商业秘密管理法律风险防范——以法律风险分析方法为视角"，载《法制与经济》2015年年第11期。

任,但是参观访问也极容易泄露企业的商业秘密。

(五) 在交流与合作中被获取商业秘密

为了企业与企业之间的合作,在争取合作机会的过程中,为了取得对方的信任,或者因合作的必要,企业经常需要把产品、零部件、材料、生产设备或工艺的某些机密透露给供应商或客户。而这些供应商或客户往往也要与该企业的竞争对手或潜在的竞争对手从事商贸往来。因此,即使是最讲信用的供应商,也可能是泄露商业秘密的潜在危险源,尤其是关键环节的供应商。就客户或未来的客户而言,他们也有可能把企业的商业秘密泄露给竞争对手,或者由商业秘密的使用者变成企业的竞争对手。[1]

(六) 通信、谈话被截取或窃听

人们信任移动电话,但移动电话同样能够被用作窃听装置。如果配上电源,它甚至能够无限期地作为窃听器使用。即使是职业的反窃听人员也经常会忽视移动电话,因为它实在太常见了。信息泄露给企业带来的不仅仅是暂时的经济损失,甚至会危及企业的有序发展与生存。

(七) 废旧载体的泄密

除了正规的文件、资料,商业秘密还普遍存在于废旧电脑磁盘、办公废纸以及工业垃圾等废旧载体中。涉密载体的维修和报废销毁,是信息安全的一个重要环节,把握不好,极易出现问题。除利用网络技术远程窃取别人电脑隐私外,对于处理废弃电脑和送修过程产生的泄密,很多企业普遍认识不足。[2]

---

[1] 郑友德、王活涛、高薇:"日本商业秘密保护研究",载《知识产权》2017年第1期。

[2] 邹晔:"企业商业涉密涉密档案管理现状及对策",载《云南档案》2016年第4期。

(八) 打印机和复印机的泄密

每个企业都有打印机和复印机，它是每个企业必备的办公用品。一般企业利用打印机将信息打印出来进行信息交流，随着无线打印机的发展，无线打印机更容易受到他人的攻击，因此有可能其他非本企业人员可以外部连接到企业内部打印机，无线信息是可以随意穿越障碍物的。一些入侵者会利用物理访问打印机使得打印机拒绝服务，或是发送垃圾邮件。对于网络打印机，一些非法入侵者有可能会利用远程控制打印机来进行一些恶意活动，一些员工的打印信息很有可能被他人所窃取，造成信息泄露。日常使用的复印机如同电脑一样存在泄密风险。打开复印机后盖，会发现一个体积不大的硬盘，信息泄密的风险就藏在这里。和电脑硬盘一样，这块硬盘储存着用户的所有数据信息。在报废处理复印机时，如果忽略了复印机的硬盘，很有可能导致机密文件外泄。大部分中速以上的打印机机型都带有一个容量为12G到250G不等的硬盘以存储复印信息。复印机安装硬盘的初衷是利用硬盘容量以满足用户对复印机多功能、高速度、优质图像等的要求。复印机硬盘的存储记忆功能十分强大，能储存任何经它复印扫描、发送过的文字、图像。比如经常复印的一个文件，可以不用拿原稿下次直接调出来复印就可以了，但就是这样一种复印技术的改进带来了信息的泄露。

四、企业商业秘密的保护

当侵犯商业秘密的行为严重影响了企业正常的生产、经营活动时，就要运用各种法律武器，维护企业的合法权益。根据中国现行法上保护商业秘密的法律依据，企业商业秘密保护可分为四种方式，即民法保护、行政法保护、刑法保护和劳动法保护。

(一) 民法保护

民法上的救济，即依据民法上的规定请求违反保密协议的当事人承担违约责任或者侵害商业秘密的侵权人承担侵权责任的方式，民法上的救济的请求权基础是合同或者侵权行为。根据商业秘密保密合同负有保守秘密义务的一方当事人违反保密合同的约定，泄露或者擅自使用其知悉的商业秘密，即违约，权利人可以违约为由起诉。根据《反不正当竞争法》第9条规定，经营者有下列情形之一的，即属侵害他人的商业秘密：(1) 以盗窃、利诱、胁迫或者其他不正当手段获取权利人的商业秘密；(2) 披露、使用或者允许他人使用以前项手段获取的权利人的商业秘密；(3) 违反约定或者违反权利人有关保守商业秘密的要求，披露、使用或者允许他人使用其所掌握的商业秘密；(4) 教唆、引诱、帮助他人违反保密义务或者违反权利人有关保守商业秘密的要求，获取、披露、使用或者允许他人使用权利人的商业秘密；(5) 第三人明知或者应知前款所列违法行为，获取、使用或者披露他人的商业秘密，视为侵犯商业秘密。当事人有上述行为之一，给企业造成损害后果的，企业可以向有管辖权的人民法院提起诉讼，请求被告承担停止侵权和赔偿损失的民事责任。[1]

(二) 行政法保护

追究商业秘密侵权人行政责任根据的是《关于禁止侵犯商业秘密行为的若干规定》和《工商行政管理机关行政处罚程序暂行规定》，当企业认为其商业秘密受到侵害并能够提供证明，可以向工商行政管理机关申请查处侵权行为。

(三) 刑法保护

根据《刑法》的规定，侵犯商业秘密给权利人造成重大损

---

[1] "关于加强企业商业秘密保护的司法建议"，载《山东审判》2014年第3期。

失的,处3年以下有期徒刑,并处罚金和单处罚金,造成特别严重后果的,处3年以上7年以下有期徒刑并处罚金。如果侵犯企业商业秘密的行为构成犯罪权利人可以向公安机关控告,要求立案侦查,追究其刑事责任。在追究刑事责任的同时,权利人可提起刑事附带民事诉讼要求侵权人承担民事赔偿责任。

(四)劳动法保护

1. 竞业限制的相关规定

对于董事、管理人员、高级技术人员和合伙人在职与离职期间,《公司法》规定,董事、高级管理人员(经理、副经理、财务负责人上市公司董事会秘书和公司章程规定的其他人员)不得未经股东会或股东大会同意,利用职务便利为自己或者他人谋取属于公司的商业机会,自营或者为他人经营与所任职的公司同类的业务。《合伙企业法》规定,合伙人不得自营或者同他人合作经营与本合伙企业相竞争的业务。除合伙协议另有约定或者经全体合伙人同意外,合伙人不得同本合伙企业进行交易。合伙人不得从事损害本合伙企业利益的活动。有限合伙人可以自营或者同他人合作经营与本有限合伙企业相竞争的业务;但是,合伙协议另有约定的除外。《个人独资企业法》规定,投资人委托或者聘用的管理个人独资企业事务的人员不得未经投资人同意,从事与本企业相竞争的业务;不得泄露本企业的商业秘密。《劳动合同法》规定,用人单位与劳动者可以在劳动合同中约定保守用人单位的商业秘密和与知识产权相关的保密事项。对负有保密义务的劳动者,用人单位可以在劳动合同或者保密协议中与劳动者约定竞业限制条款,并约定在解除或者终止劳动合同后,在竞业限制期限内按月给予劳动者经济补偿。劳动者违反竞业限制约定的,应当按照约定向用人单位支付违约金。竞业限制的人员只限于用人单位的高级管理人员、高级技术人员和其他负有保密义务的人员。竞业限制的范围、地域、期限由用人单位与劳动者约定，竞业限制的约定不得违反法律、法规的规定。中国国家科委在《关于加强科技人员流动中技术秘密管理的若干意见》（以下简称《若干意见》）中允许企业与员工签订竞业限制协议。并认为一般只适用于企业高级管理人员和技术人员等关键涉密人员，而不适用于就业竞争力较弱的一般员工。

2. 竞业限制的合理使用

为了避免企业利用竞业限制协议限制员工的择业自由，法律也对竞业限制协议规定了限制。《劳动合同法》规定在解除或者终止劳动合同后，规定的人员到与本单位生产或者经营同类产品、从事同类业务的有竞争关系的其他用人单位或者自己开业生产或者经营同类产品、从事同类业务的竞业限制期限，不得超过2年。《若干意见》规定在签订竞业限制协议时禁止就业的范围不宜过宽必须有所限制，以与员工所接触之商业秘密密切相关的行业为限，过宽则有失合理性。此外还规定了合理的限制期限，竞业限制协议的期限不得超过3年，并说明要对这些签订竞争禁止的员工支付一定的补偿：在竞业限制期限内企业给离职员工的补偿一般不低于该员工离职时年薪的50%，如果有失公平，则可能导致竞业限制协议被认定为无效。

第二章
知识产权诉讼难点解析

第一节 商标恶意侵权诉讼之反转

2019年11月1日我国实施了新修订的《商标法》,在该法第68条增加了第4款:"对恶意申请商标注册的,根据情节给予警告、罚款等行政处罚;对恶意提起商标诉讼的,由人民法院依法给予处罚。"所谓滥用诉权,是指行为人恶意提起诉讼,以期通过诉讼的途径获取非法利益或侵害他人合法权益的行为,从行为主体角度来看,主要包括两种类型:一是双方当事人恶意串通提起诉讼,侵害案外第三人合法权益,即虚假诉讼;二是一方当事人恶意提起诉讼,意图获取不正当利益或损害他人利益的行为,即恶意诉讼。[1] 无锡N多寿司商标侵权案自2017年开始商标权利人即在全国各地提起诉讼,起诉的理由多为单方提前解除商标使用许可合同或者未经授权使用商标,2017-2019年间这类商标权侵权案件在全国各地几乎全部都以胜诉或调解结案,唯有2018年8月在青岛市中级人民法院提起的诉讼被认定为商标恶意诉讼,依法驳回了起诉。这类商标恶意诉讼十分具有典型性,我们一起来看一下这次恶意诉讼是如何反转的?

---

[1] 陈彬:"民事诉权滥用及法律规制",载http://cqfy.chinacourt.gov.cn/article/detail/2016/07/id/2013332.shtml.

一、基本案情

青岛客必思味餐饮管理服务有限公司于 2012 年 1 月 14 日获得第 8392681 号"N 多寿司 N DUO SUSHI"图形加文字商标，核定使用商品为第 30 类寿司（截止），注册有效期至 2022 年 1 月 13 日。青岛客必思味餐饮管理服务有限公司是原告无锡爱多餐饮管理有限公司在 2017 年 6 月 19 日之前的唯一法人股东，2017 年 6 月 19 日，原告将其法人股东由青岛客必思味餐饮管理服务有限公司变更为无锡恩多寿司餐饮管理有限公司。2018 年 7 月 6 日，青岛客必思味餐饮管理服务有限公司将该注册商标转让给原告无锡爱多餐饮管理有限公司。

被告市北区恩多好寿司店在 2016 年 8 月 14 日、2017 年 12 月 3 日分别与特许人无锡市客比思餐饮管理有限公司和特许人无锡恩多寿司餐饮管理有限公司签署加盟合同，合作期间分别为 2016 年 10 月 1 日至 2017 年 9 月 30 日和 2017 年 10 月 1 日至 2018 年 9 月 30 日。合同约定特许人同意将其带有"N 多寿司 N DUO SUSHI"图形加文字标识的寿司专卖店的文字、图形、标志及包装物的商标或版权授权被特许人使用，且合同中载明乙方店铺地址。2018 年 4 月 23 日，无锡恩多寿司餐饮管理有限公司发出解除加盟合同的通知，2018 年 8 月 6 日，原告无锡爱多餐饮管理有限公司提起被告侵犯注册商标权纠纷的诉讼。

二、被告方辩论要点及思路

本案双方争议的焦点应当放在原告与商标许可人之间的关系上，被告使用涉案商标已经合法授权，但原告不认可其与商标许可人之间的关联性，本案虽是一起商标侵权纠纷案，但在案件审理中需要适用大量《公司法》的相关规定，这是本案区别于普通商标侵权案件的不同之处和难点。被告认为：

（1）原告对于其唯一的法人股东与被告签订加盟合同并将涉案商标授权给被告使用的行为是明知的，被告不存在侵权的主观故意。经查，与被告签订加盟合同的特许人无锡恩多寿司餐饮管理有限公司是本案原告无锡爱多餐饮管理有限公司唯一的股东，其性质属于法人一人有限责任公司。因此有理由相信原告对于其唯一的法人股东与被告签订加盟合同并将涉案商标授权给被告使用的行为是明知的，被告不存在侵权的主观故意。2018年7月10日青岛客必思味餐饮管理服务有限公司（原商标所有权人）对被告进行了诉讼保全公证，2018年8月1日青岛客必思味餐饮管理服务有限公司（原商标所有权人）将涉案商标所有权转让给原告，原告于2018年8月6日提起本案诉讼，直至起诉之日被告仍在商标使用授权期内。

原国家工商行政管理总局的国家企业信用信息公示系统显示，无锡恩多寿司餐饮管理有限公司（本案商标特许人）、无锡市客必思餐饮管理服务有限公司（本案商标特许人）、无锡爱多餐饮管理有限公司（本案原告）的法定代表人、总经理和执行董事都是董某，监事都是牛某，并且以上三个公司的股东也都是董某、牛某、马某。青岛客必思味餐饮管理服务有限公司（原商标所有权人）的股东也是董某、牛某、马某。由此可见，上述四家公司，股东完全相同，实际控制人也完全相同，公司间具有直接的关联关系。

（2）被告在签订合同时已经尽到了合理的注意义务，被告有充足的理由相信合同相对方就是涉案商标所有权人。

被告从2012年4月至2018年8月已经在青岛经营了6年，上述四个公司都曾与被告签订过加盟授权合同，其中2016年10月1日至2017年9月30日是以无锡市客必思餐饮管理服务有限公司的名义签订的，2017年10月1日至2018年9月30日是以无锡恩多寿司餐饮管理有限公司的名义签订的。加盟授权合同均为制式合同，合同样式、LOGO以及特许授权商标完全一样，这些关联公司提供给被告的产品制作规范、宣传彩页等材料上也均采用一致的设计风格，均标注了相同的"N多寿司"商标。由青岛客必思味餐饮管理服务有限公司（原商标所有权人）印制并提供给被告的"缤纷诱惑"宣传彩页，由无锡市客必思餐饮管理有限公司（本案商标特许人）印制并提供给被告的"夏日斑斓""GO旺新春""新春唐人街"宣传彩页的内容也几乎一致。例如：宣传彩页中都印有相同的"N多寿司"商标；官方网站均为"www.nduoshousi.com"；彩页上用于宣传的二维码完全一致，扫码后均显示名称为"N多寿司"的同一微信公众号；彩页上的加盟电话均为"4006-×××-036"等等。由此可见，被告在签订合同时有充足的理由相信合同相对方就是商标所有权人，被告已经尽到了合理的注意义务。

（3）被告未给原告造成任何经济损失。无锡爱多餐饮管理有限公司（本案原告）、青岛客必思味餐饮管理服务有限公司（原商标所有权人）、无锡恩多寿司餐饮管理有限公司（本案商标特许人）、无锡市客必思餐饮管理服务有限公司（本案商标特许人）四家公司系实际控制人完全相同的关联公司，被告每年都按照加盟合同的约定向合同相对方支付加盟费和管理费等相关费用，而这些费用和合同利益实际都为以上四公司的实际控制人董某、牛某、马某三人所获得。尤其是被告店铺多年来进货的货款也全部都是直接转账至原告公司法定代表人、总经理和执行董事董某的个人银行账户。

被告主观上一直认为是在使用经合法授权许可的"N多寿司"商标进行经营，被告属于善意经营。况且原告于2018年8

月1日在商标局做商标变更登记，8月6日即提起本案诉讼，前后仅有5天时间，根本没有损失存在的合理期间。结合以上事实理由可以证明，被告从未给原告及其股东和实际控制人造成任何经济损失。

（4）原告有恶意串通、滥用诉讼权利的嫌疑。被告在自2012年4月到2018年6月经营市北区恩多好寿司店的六年时间里从未被主张过商标侵权，而无锡爱多餐饮管理有限公司（本案原告）作为董某、牛某、马某三人实际控制的公司，在从同为以上三人控制的青岛客必思味餐饮管理服务有限公司（原商标所有权人）获得商标授权后，立即就对被告提起侵权诉讼，并且青岛客必思味餐饮管理服务有限公司（原商标所有权人）在2017年6月19日之前一直是原告公司的唯一法人股东。如果原告不认可其唯一法人股东的授权行为，那么原告法人股东与被告岂不是构成共同侵权？那么，在该案中被告完全可以申请追加原告法人股东作为被告或第三人参加诉讼，最终将会导致原告自己告自己侵权的混沌结果，是现实版的"贼喊捉贼"。

原告及其另外三家关联公司在被告经营期间轮番交替出现，与被告发生各种不同的关系，不得不让被告怀疑原告及其另外三家关联公司自始至终都在为被告设计商标侵权的圈套，从而最终达到共同恶意诉讼，分配非法获利的目的。与本案相同的案例近几年在山东济南和其他各省市多次出现，足以证明原告提起本案诉讼的目的是在利用董某、牛某、马某三人实际控制的多家关联公司互相串联，通过恶意诉讼获取不正当利益。

法院最后完全采纳了被告的辩论意见，认为当时作为商标权利人的青岛客必思味餐饮管理服务有限公司对于无锡恩多寿司餐饮管理有限公司对外授权他人使用涉案商标是知情且允许的，驳回了原告的诉讼请求，维护了被告的合法权利。

三、本案反转创新点

原告利用董某、牛某、马某三人实际控制的多家关联公司互相串联，近几年在全国各地提起侵犯注册商标权的诉讼并且获得了支持。只有 2018 年 8 月在青岛起诉的案件，法院为查清案件事实，深度挖掘相关涉案公司之间的关联关系，梳理案件事实，不放过每个细节。最终，识破了原告及其另外三家关联公司通过恶意诉讼获得不正当利益的目的。修订的《商标法》新增加了"恶意提起商标诉讼"的相关规定，于 2019 年 11 月才颁布实施，而本案的判决书作出之日为 2019 年 7 月。在法律对"恶意提起商标诉讼"之规定尚未实施，且原告多次起诉并获得支持的不利情形下，本案让原告恶意提起商标诉讼的意图昭然若揭，全面驳回了原告的诉讼请求，维护了被告的合法权利。

第二节 数人侵害商标权之损害赔偿责任判定

经济的快速发展和全社会商标意识的增强使得现代市场竞争从价格竞争、质量竞争逐步走向品牌竞争，创造驰名商标是企业参与市场竞争的重要手段。最高人民法院知识产权案件 2018 年度报告中，指出审理的商标案件增长幅度较大，同比增长 80%。[1] 2018 年，地方各级人民法院共新收和审结商标一审案件 51 998 件，同比上升 37.03%。[2] 可见商标侵权纠纷日益增多，其中侵犯注册商标专有权的商品，会对权利人的商品产

---

[1] "最高法知识产权案件年度报告（2018）摘要"，载 https://www.chinacourt.org/article/detail/2019/04/id/3852027.shtml.

[2] "为知识产权护航 为创新驱动赋能"，载 https://www.chinacourt.org/article/detail/2019/04/id/3852487.shtml.

生市场替代性,扰乱了市场的有序竞争与健康发展,若流向市场的侵权商品存在质量问题,会严重影响商标权利人的信誉,造成不可估量的损失。侵犯注册商标专有权的商品从生产到销售、进口到销售、经销到销售的过程中,会存在数个侵权主体,数个侵权主体是否构成共同侵权,赔偿责任如何认定和承担,赔偿数额如何计算等问题,一直是司法实践中的争议焦点。本节在总结、归纳司法实践中出现的侵权情形的基础上进行分类探讨,以期对实务有所裨益。

一、数人侵害商标权中的一般侵权人

(一) 制造商与销售商

制造商或称为"生产厂商",指创造产品的企业。制造商以原料或零组件(自制或外购),经过较为自动化的机器设备及生产工序,制成一系列的日常消费用品。[1] 销售商就是将商品出售给消费者的商人。

在商标侵权案件中,制造商一般是侵犯注册商标专用权商品的一手来源,主要是在商标权利人不知情且未授权、未许可的情况下,通过印制、压模、喷涂等方式,在同种商品或者类似商品上,使用与其注册商标相近或者近似的商标;通过抄袭摹仿的方式,制造他人注册商标;通过更换权利人注册商标的方式,将更换商标后的商品又投入市场。制造商将侵权商品投入市场后,会混淆商品来源,影响商标权利人商品的市场占有率,损害消费者利益,是侵犯注册商标专用权行为泛滥的源头,主观过错较重。因而,其应当承担主要的赔偿责任。

销售商将商品出售给不特定的消费者,一般是侵权商品产

---

〔1〕 "制造商",载百度百科 https://baike.baidu.com/item/%E5%88%B6%E9%80%A0%E5%95%86。

业链的最后一环。多数学者认为此处的"销售"不仅包括了以对价形式转移所有权的买卖行为，也包括了互换、赠与和出租行为，只要该商品在商业上流通，就应当认定为"销售"行为。西安市国美电器有限公司北二环商城与浙江苏泊尔股份有限公司侵害商标权纠纷案中，法院一审、二审判决书都认为被告提供赠品作为促销手段是一种销售行为。[1] 可见，理论界和实务审判中已倾向突破文义对"销售"作扩大解释，只要让侵权商品在商业上流通，相关公众得以接触，并存在将侵权商品与商标权人产生联系的可能性，都应当可以认定为"销售"行为。[2]

销售商销售的可以是单一商品，也可能是成千上万种商品；其可能有专业的知识能够分辨所销售商品的真伪，充分了解每一种商品的商标注册情况，也有可能是一个行外人或陷一种错误认知；其可能是具有成熟销售系统，独立经营的资格和能力的商场、超市，也有可能是个体工商户、小贩等。[3] 由于，销售商的经营范围、销售经验、专业知识等方面存在较大差异，其无法——核实商品来源以及是否侵犯注册商标专有权。因此，《商标法》为了保护交易安全和善意无过错销售者的正当利益，对商品销售者的侵权责任进行了特别规定，即销售不知道是侵犯注册商标专用权的商品，能证明该商品是自己合法取得并说明提供者的，不承担赔偿责任。销售商不同于消费者，本身具有相关的审查能力，在进货时，应当尽到合理的注意义务，由于销售商在经营范围、经济实力、专业知识等客观方面存在较

---

[1] 西安市中级人民法院［2014］西中民四初字第00418号判决书、陕西省高级人民法院［2015］陕民三终字第00004号判决书。

[2] 徐函修："论销售者侵犯商标权承担赔偿责任的认定"，载《天津法学》2015年第3期。

[3] 江静："论商标侵权中销售商具有合法来源的抗辩"，载《边缘法学论坛》2015年第2期。

大的差异,法院在审理案件时,应当根据具体情况,合理确定销售商的注意义务。

(二)进口商与销售商

进口商是指从事进口贸易的企业或商人。他们以自己的资金从国外购入商品(包括原料、半成品、辅料、零部件等),然后出售给所在国的工矿企业、批发商、零售商;或经过加工或稍作贮存,再转口输往其他国家或地区销售。[1]

随着中国对外开放的发展与提速,越来越多的海外进口商品走进中国市场,进口商品的商标也在中国登记注册,享受《商标法》的保护。然而,目前出现部分不法进口商或销售商在国内销售进口商品时,超越许可范围销售进口商品,对商品进行包装改变再销售和违反进口制度销售等现象,侵犯了商标权利人的合法权利。[2]

在市场经济中,商品流通有生产、制造环节,销售环节和消费环节等,就侵犯注册商标专有权的商品流通而言,商标侵权发生在生产、制造环节,行为人主观过错较重,其承担的法律责任也较重;而商标侵权发生在销售环节,行为人主观上可能有过错也可能无过错,其承担的法律责任也较轻,其可以采取合法来源抗辩,即举证证明自己善意不知情并且能证明该商品合法来源的,而被免除赔偿责任。因此,判断进口商侵权行为是发生在生产、制造环节,还是销售环节,对商标纠纷双方利益影响非常大。[3]

---

[1] "进口商",载百度百科 https://baike.baidu.com/item/%E8%BF%9B%E5%8F%A3%E5%95%86。

[2] 姚新超:"进口商品国内销售中的商标侵权争议启示与借鉴",载《国际贸易》2015年第3期。

[3] 祝建军:"跨境电子商务中的商标权保护",载《人民司法(应用)》2016年第10期。

笔者认为，进口商侵犯注册商标专有权的行为，应当认定为发生在生产、制造环节，而非销售环节，其无权通过主张合法来源抗辩而被免除赔偿责任。首先，基于商标保护的地域性，外国公司在我国境外生产制造侵权产品本身并不侵犯我国注册商标专用权，但进口商进口侵权产品至我国境内并销售，将直接影响到该产品在商标受保护的中国区域内的市场销售份额，并给商标权利人造成重大损失。此种情形下，从商标法保护的意义上来看，进口商的主观过错程度和侵权的行为后果等同于制造商。我国商标法中规定的合法来源抗辩权仅适用于销售商，并应受地域性规则的限制，因进口商的侵权行为实际上发生在生产、制造环节，故不能享有此项权利。其次，进口商是将侵权产品带入中国市场的源头进货人，其在该类产品领域具有丰富的专业知识、经验及能力，理应对该类进口产品标识的使用，有着严于普通国内销售者的审查注意义务。

（三）经销商与销售商

经销商，就是在某一区域和领域只拥有销售或服务的单位或个人。经销商具有独立的经营机构，拥有商品的所有权（买断制造商的产品/服务），获得经营利润，多品种经营，经营活动过程不受或很少受供货商限制，与供货商责权对等。[1]

商品在市场流通过程中，可能需要经过多手转移，客观上不可能每一手经销商均取得商标权的授权，那么销售商是否需要审查上一手经销商的授权情况呢？销售商在经营范围、经济实力、专业知识等客观方面，存在较大的差异，因此应该根据销售者的能力而定。若终端零售商是有集中统一供货渠道、成熟销售系统的大商场、连锁超市，因其供货渠道最接近商品生

---

[1] "经销商"，载百度百科 https://baike.baidu.com/item/%E7%BB%8F%E9%94%80%E5%95%86.

产源头,故其应审查经销商是否取得商标权利人的许可;若终端零售商是特种商品专卖店的个体经营户,例如某品牌化妆品、服装专营店,其对某一领域具有足够的专业知识、能力和经验,应审查经销商是否具有相关授权,至少要进行形式审查;若终端零售商是个体经营户、小贩,则不能苛责其审查经销商是否取得商标权人的授权许可。

[2012]佛中法知民终字第85号,哈尔滨轴承集团公司诉杨某焰、佛山市燕东轴承有限公司侵害商标权纠纷案中,反映了在商标司法保护实践中长期被忽略的一个问题,即谁要对被控侵权商品的真伪进行鉴定,承担举证责任。在现实生活中,对于同一产品不同的生产、制造商会有各自的生产工艺、技术特征;即使是同一生产、制造商,不同生产线制造出来的商品也会有细微差别,因而外人是难以辨认的,只能由生产、制造商自己辨别,甚至有些工艺可能构成商业秘密,因而难以公开、详尽地说明。在一般情况下,原告无需对被控侵权商品的真伪进行鉴定,因为根据《商标法》第52条的规定,只要被告在未取得商标权利人的许可情况下,制造、销售了在同一种商品或者类似商品上使用与注册商标相同或近似的商标的商品的,均应认定为侵权。然而在本案中,被告杨某焰进行了合法来源抗辩,被告燕东公司进行了权属抗辩,均抗辩涉案被控侵权商品属于正品,致使原告的举证责任相应加重,必须要对被控侵权商品是否属于假冒注册商标的产品予以举证证实,否则应承担举证不能的法律后果,对于这种有特殊情况的商标侵权案件,可以引入第三方鉴定制度。[1]

经销商和销售商就侵犯注册商标专有权的商品流通而言,

---

[1] 广东省佛山市中级人民法院[2012]佛中法知民终字第85号判决书。

发生在销售环节,行为人主观上可能有过错也可能无过错,其承担的法律责任也较轻。经销商可以直接通过与商标权人的被许可人签订的许可合同进行抗辩,销售商则可以采取合法来源抗辩。虽然现实生活中不能绝对排除销售商、经销商在拥有合法来源和合法授权的同时进行掺假售假的可能,但是,基于平衡交易成本和风险,有效防止"打假"的泛滥,以及平衡商标权人与公众之间利益的考虑,在经销商和销售商进行合法抗辩后,应认定其为善意的市场交易主体,免除其赔偿责任。

二、数人侵害商标权中的特殊侵权人

在商标侵权案件中,境外的委托者委托我国境内企业加工制造商品,在商品上贴上指定的商标,再将制成品出口到国外并进行销售。假若加工制作的商品使用的商标并未经过商标权利人准许,或与其他权利人的商标相似,这类加工企业就可能受到商标权利人的指控,面临诉讼。[1] 在很长一段时间的司法实践中,主流观点普遍认为:《商标法》具有地域性特征,我国《商标法》只能保护在我国依法注册的商标权,保护范围不能延伸到我国领域之外。中国境内的企业进行贴牌加工,将制成品出口到国外销售,商品不会在中国市场上流通,因此不构成《商标法》意义上的商标使用;贴牌加工商品,出口至国外,不能进入中国市场销售,中国境内的相关公众不可能接触到该商品,不会让中国境内的相关公众产生混淆,因此,其不构成商标侵权。

在本田技研工业株式会社与重庆恒胜鑫泰贸易有限公司、重庆恒胜集团有限公司侵害商标权纠纷一案中,一审、二审法

---

[1] 梅竹:"涉外贴牌加工行为的商标侵权认定",载《天津法学》2016年第2期。

院的观点亦是涉外贴牌加工不构成侵权。但是，最高人民法院再审认为随着电子商务和互联网的发展，即使被诉侵权商品出口至国外，也存在回流国内市场的可能性。同时，随着中国经济的不断发展，中国消费者出国旅游和消费的人数众多，对于"贴牌商品"也存在接触和混淆的可能性，因此，被告涉外贴牌加工的行为构成侵权行为。最高人民法院认为在我国经济由高速增长阶段转向高质量发展阶段，面临经济发展全球化程度不断加深，国际贸易分工与经贸合作日益复杂，各国贸易政策冲突多变的形势，应严格保护知识产权，强化知识产权创造、保护、运用，积极营造良好的知识产权法治环境、市场环境、文化环境，大幅度提升我国知识产权创造、运用、保护和管理能力。[1]

最高人民法院这一深层次论述的背后，体现了我国当下严格保护知识产权的司法导向，认为涉案商品出口至国外，也存在回流国内市场的可能性，中国境内的相关公众有可能接触到该商品和产生混淆，即使是将商品出口至国外，我国境内的加工企业也有可能构成侵权。同时，基于商标法具有地域性特征，保护范围不能延伸到我国领域外，因而，无法追究境外委托商的相关法律责任。

三、数人侵害商标权中侵权人行为责任分析

杨立新教授根据行为人之间的主观关联、客观关联和后果关联等情形，将多数人侵权行为分为共同侵权行为，分别侵权行为、竞合侵权行为和第三人侵权行为。共同侵权行为是指行为人的主观关联或者客观关联，造成同一损害后果形成后果关

---

〔1〕 最高人民法院〔2019〕最高法民再138号判决书。

联,应当承担连带责任。某些不构成共同侵权的行为,但法律也视为共同侵权行为的,为准共同侵权行为,包括共同危险行为、叠加的共同侵权行为、交叉的共同侵权行为。分别侵权行为是指行为人在主观上、客观上都不关联,仅仅是损害后果相关联,其后果是按份责任。竞合侵权行为的数个行为人在主观上没有关联,但客观行为和损害后果有关联,发生不真正连带责任的侵权责任形态。第三人侵权行为主要是指第三人过错,除受害人和加害人之外的第三人,对受害人损害的发生具有过错的情形。[1]

(一)共同侵权行为

制造商与销售商、进口商与销售商、经销商与销售商,具有意思联络,在共同侵害他人注册商标专有权范围内,各自分担侵权行为的一部分,而且相互利用他人的行为,以达到其目的时,为共同侵权行为。在〔2016〕粤0111民初8552号古乔古希股份公司与保定都市贵族皮具生产有限公司、保定古奇欧皮具制造有限公司等侵害商标权纠纷一案中,被控侵权商品由被告保定都市贵族皮具生产有限公司、保定古奇欧皮具制造有限公司生产,由广州古奇欧皮具有限公司销售,形成了完整的生产、销售链,且这三家被告公司的法定代表人均为同一人,其侵权行为应当属于具有意思联络的侵权行为。这个案件中,制造商与销售商在共同侵害他人权利之范围内,具有意思联络,各自分担侵权行为的一部分,而且相互利用他人的行为,从商品生产到销售,形成了一条完整的链条,以达其目的,为共同侵权行为者,应承担连带赔偿责任。

---

[1] 杨立新:"论竞合侵权行为",载《清华法学》2013年第1期。

(二) 竞合侵权行为

1. 制造商与销售商

在[2016]粤0111民初13692号高丝化妆品销售(中国)有限公司与北京于月仙化妆品有限公司、广州名妆化妆品制造有限公司侵害商标权纠纷一案中,被告名妆公司接受被告于月仙公司委托生产涉案产品的负责料体和灌装,法院认为被告名妆公司作为专业的化妆品生产企业,对于该行业的相关知名产品应该明知,对于其生产产品的包装亦具有相关的审查义务,未提交充分证据证实其在接受被告于月仙公司委托加工时,有进行相关的审查,对于侵权行为的发生具有一定的过错,构成共同侵权。[1] 在[2016]津01民初63号五常市大米协会与天津市北辰区张留锋粮食销售中心、沈阳市地王粮谷加工厂等侵害商标权纠纷一案中,法院认为被告销售中心作为大米批发兼零售经销商,对五常大米的市场知名度、认知度和销售价格应当知晓,在其购进的"五常"大米明显低于五常大米的正常售价时,应当对该货物产生怀疑并核对供货商的相关身份信息和商品的合法来源,然而,其未尽到合理的审查义务,存在过错,应承担按份责任。[2] 这两个案件中,都属于一方未尽到合理的审查义务情形,但是,法院判决其承担责任的方式却有所不同。

制造商将商品生产出来就是为了让其进入交易市场进行销售,而销售的前提自然就是生产。商品从生产到销售,这一系列行为缺一不可、不可分割且相互独立,侵权商品只有销售出去才会对商标权人造成损害,两个行为造成商标权人的同一损害结果。审视制造商与销售商之间的关系,就侵权行为而言,制造商制造完成后,无论是自行销售或提供给他人销售,只需

---

[1] 广东省广州市白云区人民法院[2016]粤0111民初13692号判决书。
[2] 天津市第一中级人民法院[2016]津01民初63号判决书。

提供贩售，就已完成其侵权行为，而之后销售商提供该商品销售时，亦已各自完成其侵权行为。就损害而言，侵权商品进入交易市场后，即已对于合法商品产生市场替代性，从而造成权利人的损害，无论该商品辗转经过几手，均为同一商品，产生一个商品的市场替代性，而非数个商品，其所造成的损害是同一的，因此，制造商与销售商成立竞合侵权行为，应按照各自过错程度，承担不真正连带赔偿责任。

不真正连带责任对应的典型侵权行为类型是必要条件的竞合侵权行为。所谓必要条件的竞合侵权行为，是指两个行为中的从行为（即间接侵权行为）与主行为（即直接侵权行为）竞合的方式，即从行为为主行为的实施提供了必要条件，没有从行为的实施，主行为不能造成损害后果的竞合侵权行为。[1] 制造商生产、制造出了侵犯注册商标专用权人的商品，销售商将其出售给使用者，造成了商标权人的损害，制造商是直接侵权人，承担最终责任，而销售商仅仅是一个中间的商品流转的媒介，但是如果没有销售商的行为，制造商的行为就不会造成商标权人市场占有率下降、商誉损失等一系列损害结果，因而销售商的行为与损害之间具有间接因果关系，是造成损害结果的间接侵权行为。生产商和销售商的行为完全符合必要条件竞合侵权行为的特征，进而应承担不真正连带责任。

首先，销售行为是生产、制造行为产生侵权损害后果的必要条件。制造商生产的侵犯注册商标专有权的商品只有投入市场，才会最终产生损害后果，没有后续的销售行为，生产行为的侵权后果只能是潜在的。其次，制造商和销售商承担责任的原因是不同的。制造商是基于擅自使用了他人的商标，对应的

---

[1] 杨立新："论竞合侵权行为"，载《清华法学》2013年第1期。

法律规定为《商标法》第 67 条第 1 款；销售商是基于侵权商品的销售行为，对应的法律规定为《商标法》第 67 条第 2 款。[1] 再次，制造商和销售商都应对侵权损害后果承担全部责任，而非按份承担，就销售商销售的侵权商品而言，生产商和销售商都要承担全部的损害赔偿责任。因此，在侵害商标权纠纷中，制造商和销售商承担的应是部分连带责任，因为销售商销售的侵权商品，可能仅仅是制造商所生产侵权商品中的一部分，其仅在销售侵权商品范围内与制造商承担连带责任；制造商接受委托制造的侵权商品，可能仅仅是销售商所销售侵权商品中的一部分，其仅在生产侵权商品范围内与销售商承担连带责任。销售商与制造商在一定范围内承担连带责任，可以有效地避免权利人获得重复赔偿，引导权利人从源头上打击侵权违法行为。[2]

2. 进口商与销售商

在［2017］沪 0107 民初 1185 号珠海市庭光发展有限公司与上海乐欧食品有限公司、上海领意贸易有限公司侵害商标权纠纷一案中，法院认为根据乐欧公司的自认，其进口被控侵权商品时并无商标意识，未要求 MAXFelchlinAG（瑞士的一家公司）提供相关商标注册证明、授权证明，且其在原告起诉后，仍向 MAXFelchlinAG 继续进口被控侵权商品，可见其并未尽到合理注意义务，并非毫不知情。被告乐欧公司是在我国境内首先使用被控侵权商品的主体，乐欧公司作为进口商的行为后果与生产者的行为后果是一致的。被告销售商领意公司在网站上使用"FelchlinSWITZERLAND""felchlin"字样的行为亦超出了

---

［1］ 黄从珍、洪碧蓉："销售商商标侵权责任的审理对策"，载《电子知识产权》2015 年第 6 期。

［2］ 何渊、陆萍、凌宗亮："商标侵权案中生产商和销售商的责任承担"，载《中华商标》2013 年第 3 期。

一般销售商的范畴，亦未提供其已尽到合理注意义务，故领意公司应承担赔偿责任。法院最后判决被告乐欧公司与领意公司共同赔偿原告庭光公司经济损失及合理费用共计80 000元。[1]

进口商和销售商都应对侵权损害后果承担全部责任，而非按份承担，就销售商销售的侵权商品产生损害而言，侵权商品进入交易市场后，即已对于合法商品产生市场替代性，进口商和销售商都要对此部分承担全部的损害赔偿责任。因此，进口商与销售商构成竞合侵权，应按照各自过错程度，承担不真正连带赔偿责任。

（三）分别侵权行为

两个以上行为主体既没有共同故意，也没有共同过失时，行为间接结合而不是竞合造成同一个损害结果时，没有主从关系，因此是分别侵权行为。[2] 在经销商和销售商既没有共同侵犯他人注册商标专有权的故意，也没有共同过失时，经销商将侵权商品销售给销售商的行为同销售商将侵权商品卖给相关消费者的行为间接结合造成了同一个损害结果，这两个侵权行为之间是结合而不是竞合，没有主从关系。经销商将侵犯注册商标专有权的商品销售给销售商或相关消费者时，侵权行为即已成立，应负侵害商标权损害赔偿责任，之后，销售商再贩卖侵权商品给相关消费者时，其为另一个独立的侵权行为，并非相同的侵权事由，也无发生损害的共同原因可言，仅仅是损害后果相关联，因此，经销商与零售商，应按照各自过错程度，承担按份责任。经销商、销售商在经营范围、经济实力、专业知识等客观方面，存在较大的差异，应该根据具体案件情况，结合其销售规模、经验，综合判断其应当承担的法律责任。

---

[1] 上海市普陀区人民法院［2017］沪0107民初1185号判决书。
[2] 杨立新："论竞合侵权行为"，载《清华法学》2013年第1期。

四、数人侵害商标权中的损害赔偿计算

(一) 补偿性赔偿

在损害赔偿的问题上,我国 1993 年《商标法》从一开始接受欧洲大陆法系的填平原则,规定赔偿额为侵权人在侵权期间因侵权所获得的利润或者被侵权人在被侵权期间因被侵权所受到的损失。近年来,随着对于商标价值以及填平原则的深入认识,2001 年《商标法》增加了法定损害赔偿;2013 年《商标法》增加商标许可使用费的合理倍数的计算方式,并将法定损害赔偿数额提高到了 300 万;2019 年《商标法》再次修改,将法定赔偿数额由 300 万提高到了 500 万,以求真正填平权利人的损失。这些规则也逐渐给予了法院一定程度上的自由裁量权,可以根据案件具体情况,适当提高损害赔偿数额,从而逐渐游离了传统的填平原则。[1] 法院在确定损害赔偿额时,先按照权利人的实际损失予以计算,如果实际损失难以确定,就按照侵权人的所得利益加以确定。若实际损失和所得利益都难以确定时,就参照该商标许可使用费的合理倍数加以确定。若被侵权所受到的实际损失、侵权人因侵权所获得的利益、注册商标许可使用费难以确定的,由人民法院根据侵权行为的情节判决给赔偿,即法定损害赔偿。

法定损害赔偿实质上是赋予了法院在无法确定具体损害赔偿数额的情况下,一定数额范围内的自由裁量权。损害赔偿计算难一直是知识产权司法保护实践中的难题,主要体现在两个方面:一是对实际损失、侵权所得、许可使用费倍数难以进行量化及其合理化;二是损害事实难以在诉讼过程中进行客观再

---

[1] 李明德:"关于知识产权损害赔偿的几点思考",载《知识产权》2016 年第 5 期。

现，权利人都存在举证不能或举证难以成立的问题。[1] 据了解，90%以上的知识产权侵权案件都是以法定赔偿方式确定损害赔偿数额。浙江省高级人民法院民事审判第三庭庭长蒋中东曾说："这既受制于权利人提交的证据材料不足，也存在法院对证据'三性'和证明标准把握过严，倾向于以法定赔偿方式简单酌定赔偿数额。"[2] 法定赔偿制度，其特点和优势在于减轻证明责任，为权利人提供一种替代性的救济渠道，法院依职权直接适用法定赔偿可以不受计算方法约束，只需根据在综合考虑涉案商标的声誉、被控侵权商品的数量、侵权者的经营规模、侵权形式、侵权者的主观过错、期间及权利人为制止侵权行为所支付的合理开支等因素的基础上，在法定限额内酌情确定合理费用及经济损失数额，其举证、质证、查证程序简单，在法院案多人少的情况下，这不失为一种提高诉讼效率的方法。[3] 法定损害赔偿是司法判赔中常用的一种认定方式，但是，在适用法定赔偿时，有必要重新认识商标的价值，尤其是有必要重新认识驰名商标、著名商标的价值，以及在某一领域或区域内有一定影响力商标的价值。

在［2016］粤0111民初8552号、［2016］津01民初63号、［2016］粤0111民初13692号案中，法院认可涉案商标为驰名商标，知名度较高，最后判决赔偿数额也普遍偏低。企业通过投入大量的人力、物力，经过长时间的广告宣传与使用，使得商标具有了价值，同时也增加了商品的附加值。驰名商标、著

---

[1] 唐力、谷佳杰："论知识产权诉讼中损害赔偿数额的确定"，载《法学评论》2014年第2期。

[2] 孟焕良："把脉知产审判四大顽症 浙江这样开药方"，载 https://www.chinacourt.org/article/detail/2019/04/id/3865709.shtml。

[3] 吴汉东："知识产权损害赔偿的市场价值基础与司法裁判规则"，载《中外法学》2016年第6期。

名商标代表着优良、长期稳定的商品或服务质量,凝结企业的智慧和劳动成果,代表着企业信誉、形象,成了消费者同企业的稳定纽带。对于确已达到驰名、著名程度的商标,司法保护的力度应当与其长期积累的商标价值和品牌信誉程度相匹配,才能体现当前严格保护知识产权的司法导向,对于侵犯注册商标专有权的行为应当严加遏制,并逐步加强对权利人的保护,以体现商标法通过保护商标专用权,促使生产、经营者保证商品和服务质量,维护商标信誉的立法宗旨和价值取向。因此,法院在审理商标侵权案件,判定赔偿数额时,应当关注驰名商标、著名商标的,以及在某一领域或区域内有一定影响力商标的价值,加强对其的保护力度,根据商标价值、品牌信誉及影响范围,适当增加赔偿数额。

2019年修订的《商标法》同2013年修订的《商标法》相比,法定赔偿数额从300万提高到了500万,这也体现了立法者关于加重侵权成本,严格保护商标权,给予权利人更加充分补偿的决心。然而,即使2013年《商标法》规定的是法定赔偿额上限为300万,司法裁判中也鲜少有判决能够达到300万的,赔偿数额普遍偏低,至少在过去一段时间内是客观存在的。中南财经政法大学知识产权研究中心在2013年出台的《知识产权侵权损害赔偿案例实证研究报告》中指出,在商标权侵权488件有效案例判决中,权利人经济损害赔偿诉求的平均金额为32.6万元,法院判赔的平均金额为6.2万元。从商标权侵权案件对于经济损害的判赔支持度来看,约50%的案件支持度低于20%,全部案件的平均支持度为34.81%。[1] 近期,中国法院网的一篇报道中曾提道:"宁波两级法院审结的民营企业知识产权民事

---

[1] 张维:"知识产权侵权获赔额整体偏低",载 http://ip.people.com.cn/n/2013/0418/c136655-21180629.html.

纠纷案件平均判赔额从 2014 年的 7.6 万元提升至 2018 年的 19.3 万元,五年间增长了 153.9%。"[1] 可见,早期我国的当事人和法院并没有充分评估涉案商标应有的价值,然而随着社会的发展,国家知识产权战略、品牌战略的实施,商标的价值逐渐凸显,惩治商标侵权的力度也逐步加强。

商标既是企业产品和服务的特有标志,在某种程度上又是一种标准和承诺。商标有利于提升企业文化、企业形象、企业信誉,扩大企业知名度,增加企业产品附加值,是一个企业经济实力和市场信誉的重要标志,是企业参与市场竞争的重要手段。欧美法院在评估商标侵权的损害赔偿数额时,不仅考虑涉案产品的价值,而且更多地考虑相关商标的价值及其所承载的商誉。[2] 只有在充分评估相关商标所承载的商誉、企业形象、企业知名度的基础上,才能判决较高的损害赔偿数额。在商标侵权案件中,法院除了应考虑权利人产品的市场价值,还应当考虑相关商誉、企业形象、企业信誉受到损害的情形,进而评估权利人应当获得的损害赔偿数额。如果仅仅考虑侵权商品的市场价值或者成本,忽略了商标所承载的商誉,则不仅难以填平对权利人造成的损害,而且不利于打击、遏制侵犯商标权的行为。

(二) 惩罚性赔偿

随着商标侵权行为愈演愈烈、日趋复杂,侵权人利用商标权利人的知名度来获取有利的市场竞争地位的行为,严重损害了权利人的合法权益,若侵权商品存在质量问题,会给权利人的商誉造成难以弥补的损失,对建立有序健康的社会主义市场

---

[1] 余建华等:"宁波:为民营企业创新发展提供优质法律服务",载 https://www.chinacourt.org/index.php/article/detail/2019/04/id/3864355.shtml.

[2] 李明德:"关于知识产权损害赔偿的几点思考",载《知识产权》2016 年第 5 期。

经济会带来极大的消极影响，因此，2013年修订的《商标法》引入了英美法系的惩罚性损害赔偿的规则。2019年修订的《商标法》将恶意侵犯注册商标专用权，情节严重的赔偿数额从"一倍以上三倍以下"修改为"一倍以上五倍以下"，这样的惩罚性赔偿额度在国际上也是比较高的，旨在通过提高赔偿数额，预防和遏制侵害商标权情况的进一步发生，惩戒恶意侵权人，弥补权利人的损失。虽然在2013年修订的《商标法》中就规定了惩罚性赔偿，但司法实践中法院却鲜少适用惩罚性赔偿，2015年至2017年，审结的商标侵权案件约有0.2%涉及惩罚性赔偿，法院在处理惩罚性赔偿诉求时均略显保守，支持率偏低。[1] 理论界学者认为原因一是在于适用条件模糊不清，"恶意"与"情节严重"的界定不够清晰，二者是并列条件，还是互相解释条件，没有明确界定，从而增加了惩罚性赔偿的适用难度。二是惩罚性赔偿金的计算基础认定困难，实际损失、侵权所得、许可使用费倍数难以进行量化。[2]

何为"恶意"？《侵权责任法》中并没有出现"恶意"一词，在界定侵权人主观状态时，一般分为故意和过失两种。张新宝教授在《侵权责任构成要件研究》中将主观状态按照过错严重程度进行了降次排序，分为："恶意、一般故意（故意）、重大过失、一般过失（过失）、轻微过失。恶意，也称蓄意，是最严重的故意。"[3] 笔者认为，既然《商标法》第63条一直都采用"恶意"的表述，可见立法者也认为"恶意"的程度高于"故意"，提高过错严重程度，避免权利人因此受到利益损害的

---

〔1〕 关琳琳："商标惩罚性赔偿制度实施情况分析报告"，载《中华商标》2018年第8期。

〔2〕 张红："恶意侵犯商标权之惩罚性赔偿"，载《法商研究》2019年第4期。

〔3〕 张新宝：《侵权责任构成要件研究》，法律出版社2007年版，第441页。

情形发生。"恶意"是指主观状态,"情节严重"是指客观条件,主观状态是一种心理态度,表明行为人对实施行为及结果的心理态度,主观状态需要依靠客观条件来判断,因此,"恶意"和"情节严重"二者不能割裂,是相互解释的条件。在判断"恶意"和"情节严重"时,需要结合案件情况综合进行判断,可参照侵权商品的数量、规模、价格和销售范围,侵权行为的侵权性质、持续时间、影响范围,以及是否是源头侵权、重复侵权,是否给商标权人的商誉带来难以弥补的恶劣负面影响等情形予以确定。[1]

对于惩罚性赔偿金计算的基础认定,一方面,需要进一步完善实际损失、违法所得以及许可使用费的计算方法和规则,引导原告积极举证,同时,在出现举证妨碍时,法院可以根据《商标法》第63条的相关规定,责令侵权人提供与侵权行为相关的资料信息,将举证责任转移至侵权人;另一方面,认可法定赔偿与实际损失、违法所得以及商标许可使用费的性质实质上是一样的,是补偿性损害赔偿。尽管在确定法定赔偿额的过程中,会对侵权人的侵权情节、主观过错程度等因素进行考虑,但其终极目的仍在于填补权利人的损失,并非是为了惩罚或威慑侵权人。我国《商标法》引入惩罚性赔偿制度的目的是为了惩戒恶意侵权人,弥补权利人的损失,预防和遏制侵害商标权情况的进一步发生,但实际上法院却在广泛适用法定赔偿。如果不将法定赔偿纳入惩罚性赔偿的基数,那么惩罚性赔偿条款则会形同虚设,难以发挥惩罚和威慑恶意侵权人的功能。[2] 在

---

[1] 舒媛:"商标侵权惩罚性赔偿适用情形研究",载《法学评论》2015年第5期。
[2] 侯凤坤:"新《商标法》惩罚性赔偿制度问题探析",载《知识产权》2015年第10期。

目前的司法环境下，法定赔偿可以赋予法官一定限额内的自由裁量权，一定程度上也可以减轻权利人的举证责任，使诉讼程序简便快捷，提高诉讼效率。因此，现阶段，我们对法定赔偿也不宜采取排斥的态度，在惩罚性赔偿金的计算中其同样可以作为基数而适用。

第三章
知识产权前沿法律问题研究

第一节 网络游戏的作品属性分析*

一、网络游戏著作权案例引发的思考

截至 2016 年 12 月，中国网络游戏用户规模达到 4.17 亿，超过整体网民的一半以上，近年来层出不穷的网络游戏著作权侵权行为愈演愈烈。[1] 在司法实践中，网络游戏著作权侵权案件虽与传统侵权案件的数量相距甚远，但影响力巨大，而且在逐渐增多。网络游戏的侵权案件往往也较为复杂，不仅仅停留在著作权侵权的单一领域，常常同时涉及商标权、不正当竞争等方面，这使得对网络游戏案件的判定更为复杂。

在 2015 年北京知识产权法院的十大典型案例中，涉及网络游戏要素著作权侵权的案件是北京乐动卓越科技有限公司诉北京昆仑乐享网络技术有限公司案。原告北京乐动卓越科技有限公司认为被告未经其许可，在《超级 MT》游戏中使用与《我叫 MT》游戏名称、人物名称、人物形象相近的名称和人物，侵犯

---

* 本节执笔人王云云，北京邮电大学法学硕士。
〔1〕 中国互联网络信息中心：第 39 次《中国互联网络发展状况统计报告》，2017 年。

了其著作权。[1] 法官在本案的判决书中详细阐述了游戏的人物名称若要成为著作权法的保护客体，需具有独创性。至于文字成为作品的条件关键在于，如果游戏的标题或名称的表述方式是已有的表述方式，构成标题或名称的词组或短语属于常见表达，则非独创，就不具有独创性，涉案相关的词汇表达属于对已经存在的公共词汇的简单组合，这种组合不具有独创性，因此组成的词汇不属于作品。而如果游戏人物的名称不足以表达出相应的思想，无法实现表达的基本功能，不能被认定为作品。在该案中，法官花了大量篇幅对网络游戏的名称、人物名称、人物形象在何种情况下具有独创性进行论述，这是对著作权法的保护客体进行认定的一大尝试，是对涉案的游戏元素是否构成作品进行判定的一大尝试。[2]

2016年8月30日北京网易计算机系统有限公司诉广州多益网络股份有限公司侵害著作权及不正当竞争纠纷案一审尘埃落定，在本案中，法官认定《神武》端游以及手游侵犯了原告《梦幻西游》的著作权。本案涉及了大量对涉案网络游戏各元素独创性的认定。法院通过文字部分与非文字部分对两部涉案游戏进行比对。不同于上一个案件，本案中，法官认定"多元素词句混搭表述游戏的规则具有独创性"，这些词汇组合有一定的特点，且所代表的内容与整个故事情节密切相关，形成了一个环环相扣的闭合故事和背景，这些文字表达具有独创性，因此用以描述游戏背景故事、体系和规则的文字如果达到了独创性的要求，即可成为受著作权法保护的作品，而单纯的游戏的背

---

[1] "北京高院发布2015年度知识产权十大案例"，载http://www.sipo.gov.cn/ztzl/ndcs/qgzscqxcz/dxal/201604/t20160420_1263376.html.
[2] 北京知识产权法院［2014］京知民初字第1号。

景故事、体系和规则属于"思想"的范畴,不受保护。[1] 而法官对于游戏被诉侵权部分的判定,并非采用整体比量的方法,而是就不同的游戏要素分别进行对比参考,这就涉及对游戏要素的分类以及不同要素的独创性进行判定。

从上述两则案件中可以看出,在不同的案件中,出于各要素表达手段的差异,在实践中确实会产生一些游戏要素在"思想"与"表达"的横木上左右摇摆。在这些网络游戏中,"思想"和"表达"是否存在一个可以区分的界限,是理论中需要探讨的问题。而只有对网络游戏的作品属性进行深入的研究,才能解决实践中遇到的这些问题。

二、网络游戏著作权侵权判定的理论分歧

(一) 网络游戏著作权侵权现状

在司法实践中,网络游戏著作权侵权案件虽与传统侵权案件的数量相距甚远,但影响力巨大,而且在逐渐增多。网络游戏的侵权案件往往也较为复杂,不仅仅停留在著作权侵权的单一领域,常常同时涉及商标权、不正当竞争等方面,这使得对网络游戏的保护更为复杂。回顾网络游戏著作权侵权的发展脉络,早些年的表现是简单地全盘抄袭、盗版游戏,以及私自架设服务器,侵犯网络游戏公司的著作权。[2] 在近几年的发展中,架设私服类的侵犯著作权案件逐步减少,但是网络游戏的抄袭与不正当竞争案件日益增多。近两年,随着一些著名的 IP,例如《鬼吹灯》《老九门》等被游戏公司和影视公司购买,以知

---

[1] 广州知识产权法院 [2015] 粤知法著民初字第 19 号。
[2] 史楠:"谈谈'传奇'私服及其侵犯商业秘密的性质",载 http://www.law-lib.com/lw/vw-view.asp? no=4886;何渊、荣学磊:"未经著作权人许可运营其网络游戏构成侵犯著作权罪",载《人民司法》2011 年第 14 期。

识产权为核心的跨文学、影视、游戏的改编十分火爆,难以承担购买 IP 进行研发、推广产品高额费用的游戏公司转而"借鉴"和"抄袭"已有游戏的元素和内容,这一类著作权侵权案件的侵权形式更为隐蔽和多样化,即使步入司法程序,法官在判定的过程中也面临着对于侵权要素的判定尚未有统一标准等问题。究其根本,判定网络游戏及游戏元素的作品属性为何是解决相关问题的一种探索。

在近两年的司法实践中,法院已将游戏中元素侵犯著作权案作为网络游戏侵犯著作权案的一个种类。[1]

(二)我国网络游戏著作权的保护模式

1. 电影作品和以类似摄制电影的方法创作的作品保护模式

《著作权法实施条例》第 4 条第 11 项对电影和以类似摄制电影的方法创作的作品(以下简称"类电作品")做了定义,构成电影和类电作品的要素一般包括:介质、画面、声音(非必要),且能够传播。因此有观点认为,很多网络游戏有宏大的故事背景、完整的故事情节、丰富的人物设置、精致的画面和音乐,网络游戏也需要承载游戏的介质、画面以及声音,这些构成和电影与类电作品十分相似,因此可以采用电影和类电作品的保护模式进行网络游戏的保护,可以对网络游戏的整体与构成元素分别进行保护。这一主张的问题在于网络游戏不仅仅包含了游戏的设计者与开发者们的创作,很大一部分还在于与玩家的互动,网络游戏特有的画面和场景以及故事情节的推动都会因为玩家的参与而产生不同的结果,因此采用电影和类电作品的保护模式不能完全符合网络游戏的特点。

---

〔1〕 海淀法院课题组:"网络游戏侵犯知识产权案件调研报告(一)",载《中关村》2016 年第 8 期。

2. 独立的作品类型保护模式

这一模式考虑了电影和类电作品与游戏的区别，因此主张网络游戏应该可以作为一种独立的作品类型进行著作权的保护。主张这种观点的认为在修改法律时可以将网络游戏作为著作权法新的一个作品类型，从而加以独立保护。

3. 法律、行政法规规定的其他作品保护模式

《著作权法》第3条第9项规定了著作权法保护的对象可以是"法律、行政法规规定的其他作品"。这是一条兜底条款，由于我国并未将网络游戏单独作为著作权法的保护客体，而通过计算机软件著作权对网络游戏进行保护，侧重于软件方面，更重视对源代码的对比，而很多网络游戏的侵权可以完全绕过源代码，这样并不能很好地保护网络游戏著作权。此外，根据《保护文学和艺术作品的伯尔尼公约》对"文学艺术作品"的界定，如果网络游戏的整体或要素符合作品的构成要件，就应该获得保护。[1]

我国现行的著作权法对于网络游戏的作品属性没有明确的条文和指向性规定，导致网络游戏的著作权保护机制不够完善，在现实中带来了对网络游戏著作权保护的正当性边界难以把握的问题。对网络游戏法律性质的不同认识导致法官在审理涉及网络游戏的案件中对网络游戏的哪些构成要素可以被认定为著作权法中的"作品"，从而可以得到著作权法的保护这一问题并未形成统一认识，而如何依据著作权法中关于作品的相关理论来判断网络游戏的组成要素是否构成作品，现如今并没有相关的研究对此进行深入的理论分析。

---

[1] 海淀法院课题组："网络游戏侵犯知识产权案件调研报告（一）"，载《中关村》2016年第8期。

（三）网络游戏著作权侵权判定中存在的理论分歧

学界对于上述问题有以下看法：一些学者建议将网络游戏按照不同种类进行划分，继而针对不同种类的游戏进行分类，适用著作权法中不同作品类型的相关规定进行保护。[1] 还有一些学者认为，网络游戏是一种独立存在的作品形式，应该进行整体保护，但是对于参照电影和类电作品的保护模式，却有不同意见：网络游戏的外在表现虽然和电影或类电作品相似，但是其具体的表现却不同，网络游戏的本质是基于程序代码，在玩家参与游戏时还会因为不同的选择呈现有差异的结果。因此这种程序代码在编写时也应有独创性，但是如果单从程序和代码的角度考虑网络游戏，可以参照软件著作权的保护模式，但这种模式只保护固定的代码，对于游戏这种内在依靠代码设置，但是外在却呈现出情节、画面、音乐等要素的综合性事物，不能完全进行覆盖；[2] 还有学者认为，考虑到网络游戏的复杂性，网络游戏的法律性质已然无法与《著作权法》第3条所列举的作品类型完全相合，但是如果将网络游戏简单地与计算机软件等同却与实际情况不符，所以首先确立网络游戏的"作品"属性尤为重要，可以从法律解释的不同角度出发，确定网络游戏的作品属性。对于一个网络游戏要素是否满足著作权意义上作品的构成要件从而被认定是否构成作品，基于实践中具体案件的差别，法官都需要在个案中对所涉网络游戏元素进行逐一认定。因此，如何对网络游戏及其要素进行分类，对分类的相应元素进行作品属性分析，就成了研究的重点。

---

〔1〕 张健："浅析我国网络游戏著作权保护制度"，载《商》2015年第36期。
〔2〕 凌宗亮："网络游戏的作品属性及其权利归属"，载《中国版权》2016年第5期。

三、网络游戏的作品属性分析

(一) 对网络游戏整体进行拆分的基础

1. 网络游戏的分类

网络游戏发展至今,已有数十年的历史,从 1962 年的第一款电脑游戏《太空大战》开始,到如今计算机和互联网技术的结合与发展带给玩家更高置入性和交互感的游戏体验。网络游戏只是整个游戏产业的一部分,从游戏的设计角度出发,将网络游戏按照开发内容与形式进行划分,大致可以分为:角色扮演类游戏、动作类游戏、第一视角射击游戏、格斗游戏、实时策略游戏、日式模拟游戏、美式模拟游戏、冒险类游戏、体育类游戏。[1] 这些种类的游戏包含有一些既有共性又有个性的元素,下面将对这些分类进行元素分析。

2. 不同类别网络游戏的主要元素

角色扮演类游戏主要是对特定人物的人生再现与模拟,这类游戏的置入感和交互性都较强,故事背景与既定的情节是角色扮演类游戏最为重要的元素;而第一视角射击游戏则由一系列关卡组成,每个关卡都有自己独特的场景,玩家需要在接受任务后,完成相应的条件以通过相应关卡,一般具有三个元素:三维关卡、任务、NPC(非玩家角色)。在这类游戏中独特场景的构建和 NPC 的构建都十分重要;格斗游戏一般由场景和人物构成,人物在对战中可以使用相对应的技能和道具;实时策略游戏一般则遵循"采集—生产—进攻"的三部曲原则,其中最重要的两个元素是资源管理和狭义的战争策略,因此游戏的规则设定是重中之重,合理的游戏规则设定要具有平衡的生态以

---

[1] 任乐毅:"主要网络游戏类型及盈利模式的研究",载《中国科技信息》2016 年第 5 期。

及严密的测试,以达到不同的参与玩家之间的平衡;日式模拟游戏因发源地是日本而得名,包含策略模拟类游戏、恋爱模拟类游戏等,这类游戏以数字式管理为主;美式模拟游戏对数字的依赖少些,游戏中所构建的世界模型要更复杂。这种模拟游戏对游戏世界的构建是模拟现实中的相应客体,因此游戏的要素与现实的物理世界客体息息相关;冒险类游戏的主要元素是:故事、冒险和解谜。例如《生化危机》,需要玩家角色在故事情节的推动下,在参与冒险的过程中逐步解开谜题,最后破解整个故事;体育类游戏涵盖管理、战术和技能。管理包括游戏中相应俱乐部的管理以及对球员的训练,战术的相互配合,技能就是单纯地对某项体育运动进行模仿。

纵观不同类型游戏的不同构成元素,虽然每类游戏各有特点,但是这些元素是构成游戏的主要部分,综上所述,我们可以总结出的主要元素有:游戏的主题、情感、游戏的规则、视觉风格、游戏规则、游戏情节、故事、策略、关卡、人物、技能、道具、战术等。[1]

(二) 网络游戏的思想元素与表达元素

1. 网络游戏的思想和表达

一款游戏中,何种元素为思想?何种元素为表达?首先就要清楚何为思想和表达?

对于思想与表达,在一般人的观念中,思想是思维活动的结果,人接触外界,各种感官传递给大脑关于客观世界的物象,大脑进行处理之后对客观事物产生相应认识。对思想的表达,通过语言、文字等进行外化,而实际上表达和思想上存在着永

---

〔1〕 叶展、叶丁编著:《游戏的设计与开发》,人民交通出版社、航空工业出版社2003年版,第37~53页。

远无法逾越的鸿沟[1],从知识产权法哲学的角度深究,思想和表达的区分实则是生硬而别无他法的,这和抽象物如何成为知识财产的客体一样充满了设计和架构的痕迹。[2] 而我们为了现实的需要,简单理解的著作权法上的表达是将所要映照的场景以及物象依托一定的形式载体进行的各种体现。在网络游戏领域,几乎并不存在只有一种表达方式的思想。即使是为了阐述游戏特定的故事背景和规则体系,依然可以依托不同的游戏元素贴近这一思想需要表达的效果。

因此从法律实践的角度对游戏元素中的思想和表达进行区分,依然可以通过一定的方法实现。游戏中各元素思想与表达的分界点应是游戏的一些内涵的情感和思想到达了可为玩家的视觉、听觉真切感知的表达层次,在这一层次之上,玩家对游戏的印象是一种缥缈的情感和想法,无法真切地感知游戏设计者对游戏的真实设计想法;在这一层次之下,玩家可以通过视觉、听觉等对游戏进行具体的感知。[3] 例如,阅读游戏的相关文字介绍,产生对游戏的认识,看到游戏的独特人物设置和故事情节设置从而被吸引。

2. 网络游戏各元素的思想和表达划分

因此相应的游戏的各元素便可以有所划分。对于游戏的主题,因涵盖了游戏的全部组成内容所蕴含的基本思想,包含一幅幅画面、人物、场景等,可以说是一部游戏的灵魂。游戏设计者头脑中所构思的游戏世界是一个宏观的抽象的存在,例如

---

[1] 李雨峰:"思想/表达二分法的检讨",载《北大法律评论》2007年第2期。

[2] [澳]彼得·德霍斯:《知识财产法哲学》,周林译,商务印书馆2008年版,第35~72页。

[3] 刘辉:"作品独创性程度'三分法'理论评析",载《知识产权》2011年第4期。

游戏设计者想要设计花果山，他的脑海中可能会浮现缤纷的花色、缀满硕果的枝头、水帘洞和山上的美猴王这些画面，但是这些画面如果仅仅存在于设计者的幻想阶段，而没有成为可以被外界感知接受的表达时，也仅仅是个人的一种想法的积累。因此游戏的主题是一个对游戏高度概括与抽象的内涵，还未成为表达。

游戏模型是隐藏在游戏内部的运行机制，游戏模型的内核是游戏的规律，一个游戏的生命在于利用其规律吸引玩家探索，游戏的规律是通过无数可为玩家所体验的人物、情节、道具、画面效果所体现和表达的，是属于思想的部分。可以为后来者借鉴并启发更深层次的创作灵感，利用这一规律创作出其他游戏，因此游戏的模型也是一种抽象的可以为更具体的表达方式进行表达的思想。

一部游戏可以通过使玩家参与游戏的过程获得某种深层的情感体验，产生某种"情怀"，从而获得广泛认可，这是游戏的情感。游戏的情感世界是特定玩家群体的情感世界，一般通过设定游戏独有的虚拟情境，以不干预实际生活的方式释放情感，这种虚拟情景制造出的情感有渲染的作用，使玩家在不断参与游戏的过程中受到影响，并最终通过契机释放这种情感。游戏的这种虚拟情境的构建是需要通关情节、故事、人物、关卡等进一步进行塑造的，虚拟情境只是一种将情感进行渲染和熏陶的处理方式，这种方式是需要借助更多的表达方式来完成，因此虚拟情境是一种抽象的感觉，借由各种表达体现，因此不能作为一种独立的表达。

游戏的玩法、参与方式、逻辑关联等构成了游戏的规则，设定相关的规则指导玩家进入游戏的世界中，当然，游戏设计者在构思中所设计的游戏规则最终是通过文字等更为具象的载体予以体现的，否则该规则无法为玩家所知。因此，规则无法成为其自己存在和阐述自己内容的载体，游戏的规则本身属于思想的范畴，对游戏规则进行说明的文字属于表达。

对于游戏的故事与情节，动作类游戏并不注重，但是角色扮演类游戏的故事性是吸引玩家的重要因素。例如单线故事情节角色扮演类游戏，最重要的是已经设定好的故事情节，玩家只有在游戏的战斗和使用技能时参与游戏体现互动性，但是无法改变故事情节的发展，原定的游戏故事情节会按部就班，只有玩家在触发了推动故事情节发展的事件时，游戏才会推进。通过对场景的构建、任务的设置、人物与技能的规律组合以及主线故事结构的设计构成的故事情节，在文字和画面的搭配上已经构成对上述几种游戏中的"思想"要素的表达。

游戏的场景实则由游戏的地图及 NPC 构成。在游戏的地图中，所有的地图统称为世界，游戏的世界背景是指游戏中的历史、时代、物种、宗教、文化、地理等因素。在游戏场景的设计中，场景美术、设计风格等既可以做到对角色的性格心理进行强化，又可以对故事情节进行强化，因此游戏的场景需要是一种综合了各种具体的表现方式的表达，并且配合了游戏的主题与情节、规则与地图本身的地理结构进行设计。

游戏的策略或是玩法是对游戏世界探索的一种总结和指导，可以通过文字和图片展示。基本来讲，游戏设计者不会完全将一个游戏的策略进行公布，一般会对参与到游戏中的玩家进行指引，而针对具体的一些关卡的攻略则需要玩家在探索游戏的过程中进行总结，不断优化总结不同的玩法，单纯停留在玩家脑海中的策略（玩法）属于思想，但是，对这些策略（玩法）进行总结归纳后通过文字和图片展示出来，就构成了表达。

关卡是游戏地图中为玩家设置的行为障碍，关卡其实也在场景的设计中，大型网络游戏的每个场景片区其实也可以理解为一个关卡，例如怪物出现点、宝箱、视野限制都是在不同的场景中进行设计，玩家需要在这些场景上付出努力以达到通关的目的。关卡的所有设计思路变为游戏中展现而出的实体也是一个从思想外化为表达的过程，其中包含的关卡目标可以通过文字及画面展示给玩家，关卡之间更加注重的是一种协同和协调的关系，游戏是一个闭合的循环生态系统，玩家在游戏中花费的时间、金钱以及技术操作的熟练度导致不同的结果发生，游戏的节奏和难度递接等方面很大程度上依靠关卡控制。关卡的这些更为细致构成都是对于关卡的具体表达。

对于游戏人物的重要性的争论和电影界的某些争论有些相似。游戏设计师在设计一个人物角色时，最主要的是考虑人物的本质特点与主要的形体特征。不同类型的游戏对人物设计的要求不同，在角色扮演类游戏和冒险类游戏中，人物性格比较丰富多样，而且要反映出主要人物的成长历程。具体到一个人物的设计不仅要配合游戏类型的差异，还要兼顾不同游戏类型的文化特点对游戏人物的形象进行适应性改变，从形体造型、身体比例、服装道具、动作特征、操作方法、性格属性、背景故事进行人物具象塑造，个性是策划赋予角色的灵魂，无论是善良的还是邪恶的，强大的还是弱小的，从人物的造型上就可以有所突出，使角色栩栩如生，让人过目不忘。因此，具备了上述要素的可观人物也是一种表达方式。

对网络游戏中人物职业与技能的设计匹配是为了让游戏的

战斗系统达到平衡，战斗技能是游戏战斗体系的重要组成部分。技能设计中的内在要素包含了技能使用的前提条件和触发方式，前提条件包含了人物自身的条件、目标条件和场景条件，例如《炉石传说》作为一款回合制的策略游戏，对不同回合可使用的技能就有相应的限制。游戏中的技能还要满足数值模型的推算平衡，技能可以由文字和图片、画面进行表达，因此，包含了具体表现方式的技能也是一种表达。

网络游戏的道具，包括武器、药品、装备等，这些道具之间需要构成一个平衡的系统，各自的具体效能应是有所制衡的，在配合相应的技能时可以展示出各自的优势，但同时又有缺陷和短板，所以配合和组队这种相互补充的冲关方式在角色扮演类游戏中经常出现。例如《炉石传说》中的卡牌即是一种道具，在技能使用成果的同时，该卡牌消失，变成武器、法术或是人物。因此，游戏中的道具也是一种具体的表达。

但是，如果游戏的主题、模型、情感、规则没有通过文字、画面等手段的外化表述出来，而只是单纯地停留在设计者头脑中的构思，即使场景十分宏大，逻辑十分完整，也只是一种抽象的概念和创作的素材，属于思想和情感的范畴。游戏的故事与情节、游戏场景、策略、关卡、人物、技能、道具等，是游戏开发者围绕着游戏主题、情感、规则进行实体化创作的过程，是可以为人所感知的一种偏向于内在的表达。

一种表达能够成为著作权法的保护客体，还需要具有独创性，因此，游戏中构成表达的要素要具有怎样的独创性才可以成为作品，是下一部分需要讨论的问题。

（三）具有独创性的网络游戏要素

在对游戏的表达性要素进行独创性分析时，学界对于作品的独创性尚未形成统一标准，采用何种创作性标准需要综合考虑我国的法律实践能力和游戏产业发展。[1] 现阶段，如果采用很高的创作性标准，不利于网络游戏产业的发展，因为现有的大型网络游戏，经常根据已有的IP进行改编而成，往往涉及非常全面的故事与情节架构和人物设置，在人物形象的设计中只要能够与以往的游戏人物形象有所区别，有属于该游戏的特点和符合人物设定的装备、技法即可，而在游戏场景的设定上，画面的表达可以更为多样，更多的要看如何搭配基本的素材和美工设计。

游戏中的故事与情节、场景、策略、关卡、人物、道具、技能均是通过将不同的文字、画面、音乐进行组合，以达到对该种表达的具象化展现，在这些要素中，文字、画面和音乐是构成这些表达的具体要件。[2] 在游戏设计者向玩家展示游戏的策略抑或是玩家自己总结的玩法中，一般都是图片配以文字解说。对游戏人物的设计不仅有游戏中相应的画面，还有对人物相关技能、成长方式、职业以及适宜的装备进行的文字说明。因此，游戏中构成表达的要素要在文字、画面、声音（音乐）这些方面的外在表达上具有独创性。

1. 文字

在游戏的设计过程中，有着严格地分工与合作，对游戏各

---

〔1〕 作品的独创性系指作品创作的独立性，一部作品不因剽窃、抄袭他人而系作者独立完成即具有独创性。参见张广良："作品的原创性在司法实践中的认定"，载《法律适用》1995年第8期。只要作品表达的形式安排、材料选择等方式带有作者的个人创作特点即具有独创性。参见宋深海："论作品的独创性"，载《法学》1993年第4期。可以借鉴大陆法系（作者权体系）德国的做法，以一定的"创作高度"作为衡量独创性的标准。参见冯晓青、冯晔："试论著作权法中作品独创性的界定"，载《华东政法学院学报》1999年第5期。

〔2〕 [德] M.雷炳德：《著作权法》，张恩民译，法律出版社2005年版。关于内在表达与外在表达，冯晓青、冯晔："试论著作权法中作品独创性的界定"，载《华东政法学院学报》1999年第5期。

个部分的设计都要符合相应的标准。所有游戏内在需要表达的思想和情感都需要用文字进行外在表述和说明。为何我们将游戏的主题与情感等归为思想，因为即使游戏设计者通过文字对游戏的主题思想、情感世界进行表述，这些文字因为是一些独特的语言和文字组合构成了独创性的表达，但也只是对游戏的思想和情感进行尽可能周全性描述的一种方式，游戏的主题和情感本身不能成为一种切实为人所知的存在，而是需要借助具体的表达方式进行的。我们在游戏的情感设计中探讨过，在游戏中，利用期待和悬念勾起玩家不停进行挑战的欲望，利用一系列关卡等虚拟情境的设置使玩家在游戏中积攒焦虑或紧张的情绪，继而通过最后的通关或达到某种目标而释放前期积攒的情绪，从而获得一种解脱的舒适感。这种方式是一种在游戏设计中被普遍采用的通用方式，具体到每一部游戏中，游戏的设计者均有不同的手段实现这一的过程，最终达到使玩家获得一定满足的目的。

这些手段之一就是利用文字展开对具体故事情节的叙述、对人物的介绍、对技能的阐释、对关卡的进度告知、对道具和技能的解说等。这些文字表述可能由一些已经存在的词汇、常见的词语组成，因此，只有这些表述客观上的组织状态形成了一个新的完整的故事系统，具有可以体现相应游戏的特点，这些文字表述即是有创作性的，因此相应的游戏表达要素可以在文字领域有独创性。

2. 画面

司法实践中，对于涉及游戏动态画面的认定，基本是参照类电影作品进行认定的。就网络游戏的画面而言，这是一种通过视觉层面进行感知的表现手法，网络游戏的画面是由一帧一帧的图片结合、串联而成的，就单个的图片来说，无论是平面图片还是立体构图，只要是达到了基于游戏设计者的原创性构思进行独立创作的图片即具有独创性。这种独创性画面可以是将已经成为公有领域的小说和其他文字作品为蓝本进行创作和使用，也可以是游戏创作者基于其购买的 IP 作品进行改编而创作，还可以是游戏创作者完全将个体头脑中迸发出的灵感通过画面表现出来。这些单个的图片必然是一种独创性的表达。

动态画面既然可以参照类电影作品进行保护，其本身也是需要有独创性的。这些动态画面中人物的动作、展示技能时的画面感、Boss 出场的方式、背景的时间与空间变化，需要对模型、关键帧、不同物体的层次结构、运动轨迹、外形变化、镜头、灯光甚至是表面材质进行构思设计以形成相对独特性的画面。因此，画面在这些层次的主要方面需要具有独创性，例如需要在模型的构建上体现个体游戏的特点，在体现人物动作的运动轨迹、外形变化上要有凝结了游戏设计者个人想法的动作和变化，对背景的描绘上也要体现独特的构思。

对于静态的画面而言，如果画面设计的图案、色彩等具有独创性，也应受到著作权的保护。

3. 声音、音乐

对于声音而言，很难确定其独创性，游戏中的一些打斗声、背景音效也是如此，因为某一种声音产生于特定的动作，或是特定的场景，例如，瀑布直流而下冲击而来的哗哗声、鸟鸣声、风吹打树叶的声音等，只要可以通过特定方式产生了唯一的一种声音，那么这种声音就应该属于公共领域，可以为所有人使用。

但是音乐不同，音乐的创作讲求技法、追求效果。音乐的结构、形态和手法有一套独自成行的标准。网络游戏在进行配乐的过程中，也会创作一些音乐作品，这些音乐作品的独创性认定参照一般作品的独创性认定标准即可，只要是创作者的原创性作品即可。

4. 人物和道具

关于网络游戏的人物和道具，人物应当包含形体造型、身体比例、服装道具、动作特征、操作方法、性格属性、背景故事等特征，在这些方面的巧妙设计、安排和构思都可以成为是人物具有独创性的要件。美国法院在Tertris一案中还指出："版权法保护的游戏中的人物，不仅在于视觉上，还在于角色属性和特征的相同。"[1] 因此，对于人物的对比应该全面考虑。关于道具的设计，道具之间的生态平衡可能属于思想范畴的设计，但是道具的样式、颜色、使用道具时的画面设计也需要有自己的独创性。

四、总结

作为表达的游戏要素的独创性，需要在相应的文字表述、画面构成及背景音乐上达到标准。通过文字进行表述的思想和情感不能获得著作权的保护，但是这些文字如果构成了独创性的表达却可以成为著作权保护的客体；通过文字进行表述的表达，文字和表达均可以成为著作权保护的客体。例如，如果对一款网络游戏的情感通过在背景故事的塑造中体现，而这些背景故事又最终通过文字进行了全面的叙述表达出来，那么首先这些文字就是一种外在的表达，只需要再进行独创性的判定即可确定是否对这些文字进行保护，其次是这一经过文字表述的背景故事，则成为了内在的表达，如果背景故事的塑造也具有

---

[1] Tetris Holding, LLCandtheTetris Company, LLC, v. XIOINTERACTIVE, INC., 103U. S. P. Q. 2d1959.

独创性，也可以成为著作权法保护的客体，但是游戏的情感却不能成为表达，因此无法进行保护。

网络游戏的其他要素也是如此，成为思想的要素，可能在相应的描述中，因为一些具体表达思想的文字和画面具有了独创性，这些文字和画面从而成为作品，但是这些思想并不因此受到著作权法的保护。而成为表达的要素，因为已经是更为具体的、可为人知的，表述这些表达的文字、画面和音乐构成了这些表达本身，这些表达本身和其构成的部分如果具有了独创性，均属于作品。一个游戏的故事情节，需要通过文字、画面甚至背景音乐进行阐述，这个情节本身的连贯性、故事性、独特性安排是其属于作品的一种具体的体现，而组成这些情节的文字、画面和音乐在具有独创性的部分，也是属于作品的一种体现。

上文对游戏的要素进行了划分，成为思想的游戏要素可以在实践中为各游戏设计者相互借鉴，而成为表达的游戏要素要具体对其独创性进行分析，只有构成了独创性的表达，才可成为作品，受著作权法的保护。对于作品独创性的认定，个案的标准总会有所差异，因此，统一的独创性标准是如此难以确定，法官通过个案进行裁量，似乎是更为可行的做法。

第二节　原创影视音乐作品著作权保护

原创影视音乐作品是影视剧制片方委托他人根据不同影片的剧情、人物特点、创作背景等因素为影片量身定做的主题歌[1]与

---

〔1〕　即表达影片的主题或概括全片基本内容的歌曲，可分为片头主题歌、片尾主题歌、头尾呼应式主题歌和主题歌群。"主题歌"的概念，参见景安东："试论影视主题歌与插曲的作用"，载《电影文学》2008年第12期。

插曲[1],一首好的影视音乐作品能够增强对影片故事情节的渲染力,使影片的剧情更加丰富、生动、深入人心,提升观众在视觉和听觉上的立体感。因此,笔者认为原创影视音乐作品实际上就是影视制片方对影片进行的一种包装。原创影视音乐作品的作者不是电影作品的作者,而是电影作品原材料作品的作者,其在电影作品中的使用属于作品的结合行为。这种情况并不产生共同著作权,各位作者继续保留在各自作品上的著作权。正因为这种对作品使用的特殊性,影视剧制片方和音乐作品的作者应如何保护其各自享有的原创影视音乐作品的著作权,有效规避原创影视音乐作品著作权的侵权风险,值得我们进一步思考。

一、原创影视音乐作品著作权的特殊性

由于原创影视音乐作品的创作、演唱、录制会涉及影视剧制片方、歌曲著作权人、歌手、歌曲制作人等多方权利主体,因此法律关系复杂,纠纷频发。首先,原创影视音乐是由制片方委托他人创作的,其著作权人对著作权的享有是由制片方和受托人通过委托合同约定的。其次,原创影视音乐本身是一个独立的音乐作品,其作者具有独立的著作权。影视音乐可以脱离影视作品单独制作、发行,其制作、发行等一系列活动必然涉及影视音乐著作权人的著作权,如署名权、机械表演权和获得报酬权等。最后,原创影视音乐作者著作权的行使受委托创作合同的约束,其作者对著作权的行使不能超出合同约定的范围。

---

[1] 指为影片的某一场戏或某一场景所写的歌曲,是在影视剧的剧情中出现的歌曲。"插曲"的概念,参见景安东:"试论影视主题歌与插曲的作用",载《电影文学》2008年第12期。

二、原创影视音乐著作权的主要保护方式

(一) 签订委托创作合同

一般认为,委托创作合同是一种具有人身性的合同,这意味着在合同订立之前应对创作者的资质包括专业创作能力、履约的诚信度等进行了解,委托即是信任的表示。[1]

在委托创作合同中应注意明确约定著作权的归属。在没有事先约定影视音乐著作权归属的情况下,音乐作品的词曲作者和制片方之间往往会因著作权的归属问题发生争议。特别是穿插在剧情中的插曲,插曲本身可能并无歌手演唱,仅以乐曲的形式表示出来,制片方往往认为这种插曲是剧情的一部分,已体现在剧本中,著作权理应归制片方享有或者应归编剧享有。根据《著作权法》第17条规定:"受委托创作的作品,著作权的归属由委托人和受托人通过合同约定。合同未作明确约定或者没有订立合同的,著作权属于受托人。"因此,在委托创作合同中如没有明确约定影视音乐著作权归制片人所有,则其著作权应归音乐作品的词曲作者所有。

在委托创作合同中应明确约定制片方对原创影视音乐作品享有的衍生用途。原创影视音乐不仅仅是音乐作品,它作为一种视听产品,其自身带有许多附加值。原创影视音乐的衍生用途包括:电视播映、网络播映、音像制品、电子游戏和广告背景音乐等。《最高人民法院关于审理著作权民事纠纷案件适用法律若干问题的解释》第12条规定:"按照著作权法第十七条规定委托作品著作权属于受托人的情形,委托人在约定的使用范围内享有使用作品的权利;双方没有约定使用作品范围的,委

---

[1] 张智敏、王淑清:"影视编剧:如何保护著作权",载《法制日报》2004年3月26日。

托人可以在委托创作的特定目的范围内免费使用该作品。"根据该条规定,如果委托创作合同约定影视音乐作品的著作权属于词曲作者所有,且委托创作合同中没有约定制片方对影视音乐作品的使用范围,则制片方仅享有在影视剧中使用该音乐作品的权利,除此以外,制片方不能将该音乐作品用作其他衍生用途。

在委托创作合同中应明确约定具体费用以及具体费用的支付时间和支付方式。在委托创作合同中应明确约定音乐作品词曲作者的著作权费用、表演者费用和录音录制费用。如这些费用在委托创作合同中约定不明或者费用的支付时间和支付方式约定不明,均会引起委托方和受托方不必要的法律纷争。如张某诉中影集团电影音乐创作费用纠纷一案[1],就是因双方在委托创作合同中具体费用约定不明而引发的案例。双方在委托创作合同中仅约定了电影音乐的著作权费用以及电影音乐的交付形式,未明确约定表演者费用和录音录制费用。最终双方因在这一问题上对合同条款的解释发生了分歧诉至法院。关于合同价款的条款在任何类型的合同中都是重要条款,在音乐作品的委托创作合同中也不例外,必须引起合同各方当事人足够的重视。

在委托创作合同中应明确约定委托创作的音乐作品的质量标准。为避免合同双方因作品质量发生纠纷,委托创作合同中应明确约定"音乐在影片中使用即视为符合质量标准"。但即使合同中没有约定明确的质量标准,法院通常也会将作品是否实际使用作为判断作品质量是否合格的标准。除非有证据表明创作违背了合同所约定的特别标准或者创作未能达到一般人认可的通常标准即有可判别的草率、含糊和不负责任,其上述的

---

[1] 北京市海淀区人民法院[2005]海民初字第10657号。

草率与不负责任足以影响到合同的履行。[1] 音乐作品在影视剧情中的实际使用时间并不影响受托方应获得的著作权费用，委托方必须全额支付使用费。张某诉中影集团电影音乐创作费用纠纷一案同时也是判断音乐作品质量标准的典型司法判例。

（二）对音乐作品的原始稿件进行版权登记

作者在接受制片方委托创作歌曲时，为防止和制片方发生著作权纠纷，在交接前一定要保存歌曲创作的原始稿件，并到当地版权局进行版权登记。[2] 根据《最高人民法院关于审理著作权民事纠纷案件适用法律若干问题的解释》第7条规定："当事人提供的涉及著作权的底稿、原件、合法出版物、著作权登记证书、认证机构出具的证明、取得权利的合同等，可以作为证据。在作品或者制品上署名的自然人、法人或者其他组织视为著作权、与著作权有关权益的权利人，但有相反证明的除外。"制片方无论是否享有音乐作品的著作权，都应该尊重音乐作品词曲作者的署名权。制片方在影视剧情中使用音乐作品时应注意标明所使用的音乐作品的歌名和作者，以免构成对作者署名权的侵犯。应特别注意的是，如果有该类侵权案件发生，那么也只有作者本人对此享有诉权，音著协不享有此项诉权。原因是著作权中的署名权具有人身性和唯一性。

三、原创影视音乐著作权存在的风险

（一）委托创作合同中的委托方非制片方而产生的合同无效风险

影视剧通常由几个投资主体联合摄制，但这些投资主体不

---

[1] 张智敏、王淑清："影视编剧：如何保护著作权"，载《法制日报》2004年3月26日。
[2] 蒋凯：《中国音乐著作权管理与诉讼》，知识产权出版社2008年版，第80页。

一定都作为摄制单位记载在《电影(电视)摄制许可证》中。如未记载在《电影(电视)摄制许可证》中的投资单位中途退出,其之前作为制片方签订的委托创作合同就有无效的风险。因此,受托方(词曲作者)在签订委托创作合同时,一定要认真核对委托方的身份是否为合法登记的制片人,避免该风险的发生。但如未记载在《电影(电视)摄制许可证》中的投资单位中途退出时未明确通知合同相对人或以其他方式告知公众,且退出行为并未导致摄制组人员上的变化,则委托创作合同仍应认定为有效,委托方仍需承担合同义务。[1]

(二) 委托创作合同中受托方(词曲作者)法律主体身份不适而产生的无诉权风险

受托方(词曲作者)如以个人身份或公司身份与委托方签约,在主体方面不会有任何的法律争议,但如果以乐队或虚拟工作室的名义和委托方签约,则会存在法律主体身份不适而导致的无诉权风险。在双方因委托创作合同发生争议时,委托方通常会以乐队或虚拟工作室并非法律意义的主体提出抗辩,向法院主张依法裁定驳回,从而规避合同义务的履行。除非乐队或虚拟工作室的成员共同推选一名代表人作为原告主张权利,且其他成员在同案中全部明示放弃诉权。

(三) 影视剧被改编、翻拍而产生的原创影视音乐非完整使用的风险

作为电影原材料作品的作者,原创影视音乐作者享有对该音乐作品的电影改编权。所谓电影改编权,是指将作品改编成电影的权利,属于演绎权的范畴。原创影视音乐作者可以通过电影改编合同将电影改编权许可给电影制作人,与此同时被许

---

[1] 北京市海淀区人民法院 [2005] 海民初字第10657号。

可的权利还包括放映权和播放权等。[1] 如原创影视音乐作者未将放映权和播放权一并许可给电影制作人，就意味着在各个电影院放映改编或翻拍后的电影时，作者均可以向电影制作人另行收取费用。但如果改编、翻拍后的电影没有将原创影视音乐的整段歌词或乐谱原创影视音乐用作影视剧的插曲，仅使用了部分歌词或乐谱，即使对该歌曲的使用时间较长也不构成侵权，电影制作人可以不向歌曲作者支付任何费用。对此，北京市高级人民法院在《激情燃烧的岁月》案[2]中确定了"非完整使用"标准。

（四）由影视剧的衍生产品而产生的著作权侵权风险

影视剧的衍生产品是指根据原始影视作品制作出来的新产品，如电子游戏、音像制品、VCD制品等与电影相关的产品。开发衍生产品是最大限度地开发除电影放映之外的一切下游产值，如已风靡全球几十年的米老鼠、唐老鸭等卡通形象和我们现在所熟知的喜羊羊、灰太狼等卡通形象，均为制片方创造了巨大的经济价值。由影视剧的衍生产品而产生的对原创影视音乐著作权的侵权行为，一般表现为间接侵权行为，即某一行为为侵权行为提供了便利条件，从而对权利人的版权造成侵害。[3] 制片方通常通过签订授权委托协议，将生产、制作电影衍生产品的权利授予第三人，如制片方在将制作、发行电影VCD制品的权利授予第三方时没有告知原创影视音乐作品的作者或者没有针对音乐作品的使用向第三人收取版权使用费。在这种情况下，电影VCD制品的制作、发行行为对于原创影视音乐作品的著作权就构成了间接侵权。

---

[1] 李琛：《知识产权法关键词》，法律出版社2006年版，第82页。
[2] 北京市高级人民法院［2004］高民终字第627号。
[3] 林晓霞主编：《影视版权的原理与实务》，中国电影出版社2007年版。

四、完善我国著作权法对原创影视音乐作品著作权的保护

随着科学技术的进步,版权权利在范围和内容上的扩张已经成为一种国际立法趋势。技术的发展使得原创影视音乐作品的复制和利用变得更加简便,也使原创影视音乐作品的利用方式大大增加,法律必须跟随这些技术进步扩展原有的版权权利甚至创设新的权利来维护版权人的利益,加强他们对作品的控制力。[1]

(一) 在著作权法中引入影视音乐作品的概念,提升人们对影视音乐作品著作权的保护意识

无论表现形式如何,都要保护具有真正的独创性的艺术作品,如此法律才会激励创造和创作、增进公众的利益。[2] 可见,法律必须及时对新形式的智力成果的保护加以布局。随着我国影视业的飞速发展和我国影视衍生品市场的逐渐繁荣,越来越多的经典原创影视音乐作品涌现出来,但对于原创影视音乐作品的著作权保护问题,我国著作权法尚无明确的概念和具体的保护依据。因此,很有必要在著作权法中引入影视音乐作品这一作品形式。将影视音乐作品的概念引入著作权法,能够引起制片方、音乐作品作者以及侵权主体的注意力,提升人们对影视音乐作品著作权的保护意识。

(二) 明确影视音乐作品的著作权范围,兼顾制片方与原创音乐作者的利益

影视音乐作品的著作权范围直接关系到制片方和原创音乐

---

[1] Robert Burrell, Allison Coleman (eds.), *Copyright Exceptions: the Digital Impact*, Cambridge University Press, 2005.

[2] Ryan Littrell, "Toward a Stricter Originality Standard for Copyright Law", *Boston College Law Revlew*, 2001, 43V.

作者的切身利益。大多数国家的法律对电影作者作了两方面的限定：一是参与电影拍摄过程；二是对电影的拍摄付出独创性劳动，即对电影的图像、声音的衔接以及思想、内容的表达做出独创性贡献。[1] 在我国现实中，电影作品的著作权统一归于制片方，影视音乐作者仅享有署名权和依据合同向制作人主张报酬的权利，处于较为被动的地位。[2] MV作品的著作权虽然属于制片人，但其中的音乐作者却有权对营利性放映音乐电视，侵犯音乐著作权的行为主张权利，在一定程度上单独享有对自己创作部分的权利，不过MV作品使用费的收取权利仍属于制片人。

德国《著作权与邻接权法》规定，电影音乐作者享有电影改编权、署名权，通常还享有放映权作为原材料作品作者，电影音乐作者享有对该电影音乐作品的改编权。电影音乐作者可以通过电影改编合同将电影改编权许可给电影制作人，与此同时被许可的权利可能还包括复制权、发行权、放映权、播放权、录像使用权以及翻译权或其他形式的改编权。[3] 笔者认为，从兼顾制片方与原创音乐作者利益的角度出发，原创音乐作者享有的影视音乐作品的著作权范围除署名权和依据合同向制作人主张报酬的权利报酬的权利外，还应享有一定的放映权。因为对影视音乐作品的放映同时也是对原始音乐作品的表演。如此规定有利于将影视音乐作品中的智力创造部分和非智力创造部分区分开来，给予不同程度的保护。

---

[1] James Sammataro, "Film and Multimedia and Law", lsted. *Thomson west*, 2008.

[2] 张竹君："影视音乐著作权保护之德国模式及其借鉴意义"，载《消费导刊》2007年第8期。

[3] Ryan Littrell, "Toward a Stricter Originality Standard for Copyright Law", *Boston College Law Revlew*, 2001, 43V.

(三) 明确、细化规定署名权的保护问题，赋予认定侵害署名权的法律依据

对署名权的保护，现行《著作权法》规定得过于笼统，难以体现影视剧与原创影视音乐作品之间的创作关系。根据《著作权法》第10条第2款的规定，可以理解为只要作者在作品上署名，就认为行使了署名权，无需顾及作者的署名方式和署名位置。现实中，绝大多数影视剧都将影视音乐作品的作者署名放置于片尾，并在放映过程中快速闪过。而制片方的名称往往置于片首醒目处，在影视剧放映前首先出现制片方名称的大型字幕，且停留持续时间长。对于一部已经放映过的影视剧，如提到制片人是谁，很多观众都知道，但提到片首曲、片尾曲或者插曲的作者，会出现根本没有人注意到的结果，造成这一结果的原因是法律没有明确规定对署名位置的保护。

最高人民法院《关于审理著作权民事纠纷案件适用法律若干问题的解释》第11条对作品署名顺序纠纷的处理方式作了相应的规定，原广播影视电视部影视事业管理局发布的第531号文《关于修订故事片字幕规定的通知》规定音乐作者的署名位置与制片方一样享有置前的权利，但以现有的署名权保护制度来看，很难认定署名位置不当构成侵权。对署名权的理解应该有更深层次的内容，更准确地体现在一定范围内对不同作者精神权利大小差异的不同保护。[1] 一部完整的影视作品是不同职能部门的劳动者共同创作的，参与制作的作者对作品的形成所起到的作用内容不同、大小也不同，因此通过完善立法明确、细化规定参与影视作品制作作者署名位置上的权利，赋予认定侵害署名权的法律依据，是对参与影视作品制作作者人格权的尊重。

---

[1] 武艳艳："影视剧本的著作权保护问题探析"，载《法制与经济（中旬刊）》2008年第11期。

（四）明确影视音乐作品的合法修改权和侵犯保护作品完整权的合法判定

我国《著作权法》第10条规定，修改权，即修改或者授权他人修改作品的权利；保护作品完整权，即保护作品不受歪曲、篡改的权利，亦即不得对电影作品所表达的思想、观点、方法等有所损害。而修改行为不一定破坏作品的思想、观点、方法等。对电影作品而言，无论通过审查或者未经、未通过审查，其保护作品完整权均应当得到承认，不允许其他人破坏其作品，作者可以积极行使该权利保护自己的作品，该权利为"享有的版权"。[1]

从法律的现行规定来看，保护作品完整权更像是修改权的外延。在实践中，歪曲、篡改作品与正常改动之间的界限是很难区分的。具体来说，修改权和保护作品完整权应视为不完全的著作人身权，这两项权利可以通过立法统一修改为一项权利，对于歪曲、篡改作品和正常改动作品的概念进行界定，该界定可以是否有损作者声誉为限，至少应当考虑下列因素：侵权行为的程度、作品的性质、改动的目的、改动后公众可接触的程度、改动后使用的环境、使用人的权利等。[2] 同样，《著作权法》第10条应授予剧本作者拒绝改动的权利，即如对剧本进行改动应当通知作者，同时这种权利也应有所限制，在不损害作者声誉的情况下，作者应同意剧本使用者对其进行必要的改动。

综上，我国著作权法上有关修改权和保护作品完整权的规定应该进行重构，兼顾对作者人身权的保护和对侵权行为的

---

[1] LRay. Pattersno, "The Nature of Copyright: A Law of User's Right", Lindberg, 1991（1）.

[2] 李雨峰、王玫黎："保护作品完整权的重构——对我国著作权法相关条款的质疑"，载《法学论坛》2003年第2期。

判定。

第三节 "避风港原则"对网络著作权风险负担的规制

一、"避风港原则"产生的背景

避风港原则在美国的《千禧年版权法》中有着详细的规定。避风港条款旨在为网络服务提供商在知识产权侵权领域提供责任豁免。在避风港条款中，网络服务提供商适用避风港条款的情况应同时包括：网络服务提供商对侵权作品或活动不知情；网络服务提供商没有注意到侵权活动发生的事实；当网络服务提供商得知有侵权发生时，立即删除该作品或对该作品的访问予以禁止；网络服务提供商没有从侵权活动中获取直接的经济利益；网络服务提供商在接到版权人的符合一定要求的通知后，应立即删除涉嫌侵权的作品或禁止对该作品的访问。"在电子商务的隐私权保护领域，也有'避风港'，它是美国商务部与欧洲委员会在充分协商的基础上发展出来的一个框架。'避风港'是美国公司避免中断与欧洲国家商务往来或者避免被欧洲机构欧洲隐私法控诉的重要方法。参与避风港的公司即被认为是符合欧盟《个人数据保护指令》[1]规定的充分标准，流动到这些公司的数据即被认为是安全的。"[2] 目前在我国的法律制度尤其是电子商务立法中，避风港原则的建立与应用还鲜有规定，这方面的规定主要是由原银监会和中国人民银行制定的，主要有《银行卡业务管理办法》《电子银行业务管理办法》和《电子支

---

[1] 该法第25条规定有关跨国资料传输时，只有传往的国家能确保资料传递有适当程序给与充分保护，才能允许个人资料被传递到欧盟以外的国家。

[2] 高富平主编：《网络对社会的挑战与立法政策选择：电子商务立法研究报告》，法律出版社2004年版，第35页。

付指引》。避风港原则在电子商务法的不同领域都有提及,并且设置的目的不尽相同,但我们可以发现避风港原则总是针对某些主体进行责任限制的。

"网络是一个汇聚信息的海洋,它的价值在于资源共享。随着网络时代的到来,作品的数字化是传统作品在网络环境下一种新的表现形式,信息和网络传播技术等数字化的实现和广泛运用,使得受著作权保护的作品和其他资料的发表、复制、利用和传播变得快捷、方便、成本低廉。网络的无限复制性、公开公用性,也使网络作品成了最容易被复制的一类作品。"[1] "网络作品有两种表现形式:第一种是将传统意义上的作品上传到网络,将作品数字化,如电子图书、网络音频等;第二种是直接在网络空间以数字化的形式创作的原创作品,如博客文章、网络小说、网络原创视频等。"[2] "网络著作权是指基于文学、艺术或科学领域内具有独创性并能以某种有形形式复制的智力成果,是因网络而依法产生的权利,是随着科学技术的发展而出现的一种新型著作权。"[3] 它具有无形性、开放性、无国界性和快捷性的特征。由于网络著作权是将现实中的著作权以电子传播的形式出现,因此它包括多方当事人。笼统地讲,可以概括为著作权享有者、网络服务商以及著作权使用者。

二、网络著作权享有者的风险负担

开放和自由的网络平台,为网络创作提供了良好的创作环

---

[1] 郑蕾、翁裹:"YouTube 时代的美国网络著作权问题新探",载《中国律师和法学家》2009 年第 12 期。

[2] 戎蓉:"浅析我国网络作品著作权的法律保护",载《西昌学院学报(社会科学版)》2010 年第 1 期。

[3] 孟杨、费艳颖、于颖:"论我国网络著作权保护立法",载《法制与社会》2009 年第 10 期。

境，每一个网络生活者都可以和可能通过各种方式将自己的见解和创意表达出来，成为网络著作权人。网络著作权享有者是作品的直接创作者或其权利的受让者。根据我国《著作权法》第9条规定："著作权人包括：（一）作者；（二）其他依照本法享有著作权的公民、法人或者非法人组织。"根据《著作权法》第14条和《著作权法实施条例》第12条规定，作为网站内容的编辑者，网站管理者对其网页的整体和网站的内容享有著作权。据此，网络著作权享有者可以概括为两类：作者和网站管理者。

信息网络传播是著作权享有者及其邻接权人的专有权利，网络作品在传播过程中产生了复制、发行、浏览、表演播放等一系列涉及作品著作权的复合性行为。"从保护网络使用者权益的角度来讲，网络著作权享有者具有信息披露的义务，尤其是对于其作品的瑕疵（带来的风险）及时地告知使用者，使使用者享有知悉权和选择权，保护自己的利益。网络著作权传播的网络产品主要有防火墙、杀毒软件等。"[1] 另一方面，当前互联网上的著作权享有者大都是虚拟的主体，或者现实商家业务的延伸，或者没有现实的商家作为支撑，仅仅是单纯的网上经营，因此，如果著作权享有者的身份等信息普通使用者能够获知的途径较少，也会产生相应的风险。所以笔者认为著作权享有者在进行风险披露时，不仅要对网络作品进行相应的告知，同时应该对于自己的身份信息也予以披露。著作权享有者在对网络作品进行风险披露时，首先需要对该网络作品进行详细的介绍，包括网络作品的构成部分、成本项目以及性价比等；其次通过公证机关对网络作品进行公证披露，公证的内容包括网

---

［1］ J. R. Reiderberg, "E-Commerce and Trans-Atlantic Privacy, Houston Law Review", Vol. 38, 2003: 717~749.

络作品存放的页面以及网络作品的创作构思、创作过程、获取方式等。当然,这些网络作品往往会存在高风险性,尽量对这些风险进行明确的描述,也不应该采用过多的专业术语,以保证大多数使用者尽快掌握,及时地了解这些潜在的风险,对风险控制作出选择,真正达到风险披露的价值目标。

"网络著作权享有者在对自己的身份信息进行风险披露时,首先应在进行网络注册时,使用真实的姓名和电子邮箱注册网络的虚拟身份,并要求网络服务商提供全面的信息注册框架;其次,需要对自己的网络作品进行标识,著作权享有者可以主动利用一些技术手段,如数字水印、电子签名等对自己的网络作品进行标识。"[1] 这样就使得网络著作权享有者在网络作品的传播过程中始终得到有效的披露;再次,网络著作权人尽可能对其网络作品进行登记。"在中国著作权登记采取自愿原则,在《作品自愿登记试行办法》和《计算机软件登记办法》均有规定,应该说著作权登记在明确网络著作权的归属,有效披露网络著作权享有者的身份信息方面有着积极的作用。"[2]

从事任何交易,交易主体必须公示自己的身份,这是交易信赖产生的基础,作为网上交易主体的一方当事人,著作权享有者应当履行披露其身份信息的义务,因为在网络著作权传播使用中,往往会遇到售后服务无法实现的风险,另外,网络著作权人在网络环境下多采用虚拟的名字创作,缺失真实存在,所以需要更多的主体信息。因此著作权人应该对于自己的身份、经营许可、联系方式等进行披露,让使用者对著作权人建立交

---

[1] 马治国:"网络版权中技术措施的法律保护",载《科技与法律季刊》2001年第2期。

[2] 李昱:"网络著作权侵权纠纷中网络作品作者的认定",载《黄冈师范学院学报》2010年第1期。

易信赖,享受到售后服务,减少风险的发生。著作权享有者在履行完该披露义务的前提下,即进入"避风港",可以适用避风港原则来规避自己的风险负担。

三、网络服务商的风险负担

"网络服务商,即 Internet Service Provider(ISP),是一个宽泛的概念,包括各种在网络空间中提供网络基础设施、接入服务和服务器空间以及具体信息的所有网络服务者,分类有多种。当前比较通行的分类方法是将其分为网络内容提供者(Internet Content Provider,简称 ICP)和网络中介服务者(On-line Service Provider,简称 OSP)。"[1] 网络内容提供者(ICP),指通过网络直接发布信息的主体,小到个人页面,如微博,大到综合网站,如新闻网;网络中介服务者(OSP),包括接入服务商(IAP),如电信公司等,网络平台提供者(IPP),如各类论坛等。现实中很多综合性网站既是网络内容提供者,又是网络中介服务者,我国目前针对网络服务商的立法中均没有严格定义网络服务商,也没有对网络服务商进一步分类标明含义。

笔者将网络服务商分为网络内容提供者(ICP)和网络平台提供者(IPP),分别对处于不同角色的网络服务商应遵循的风险负担予以分析。

(一)网络内容提供者(ICP)的风险负担

从著作权享有者的角度考虑,在网络著作权传播中,网络著作权享有者面临的风险是多方面的,诸如转载、摘编风险,篡改风险以及超文本链接风险等。对于这些风险,不能一味地让著作权享有者承担,网络著作权保护在适用避风港原则方面

---

[1] 陈芳芳:"论网络服务商的法律责任及其豁免",载《群文天地(下半月)》2009 年第 11 期。

需要具备一定的条件和遵循一定的原则。"美国曾经在1998年通过的《千禧年版权法》中对于网络服务商提供者责任限制有所涉及,即避风港的适用条件作出相应规定,包括适用的前提条件、适用的具体情形以及责任限制的具体内容。也就是说,当事人只要符合享受责任限制的条件,并按照法定的程序行事就可以避免可能存在的责任风险。这种责任限制的宗旨,并不是要通过追究当事人的责任来制止风险的发生,而是通过精心设计一系列的规定,引导当事人的合理预见与防范规避风险的发生"[1]。因此在网络著作权的避风港原则中,对其也可以适用相同的程序。

"网络内容提供者在适用避风港原则来限制自己的责任时,如果对于运用不当,诸如免责条款,很可能会使其成为一个'非常讨厌的东西',"[2] 造成一方当事人利益的损失,违反了公平合理原则,因此网络著作权在适用避风港原则时的前提条件:一是必须尽到合理的预见和注意义务,及时地检测可能发生的风险;二是该风险具有不可预见性和不可克服性。在网络著作权的风险隐患中,前文已经提到,包括人为因素和非人为因素,对非人为因素,多是由于计算机系统内部的问题使支付出现了风险,笔者认为这种系统内部风险,网络内容提供者对其发生有一定的防范措施,但是这种风险的不确定因素太多,即使网络内容提供者采取了合理的防范措施,系统内部风险仍然会在特定时间、特定情形下出现,也就是说网络内容提供者尽到合理义务时,该风险仍然不可避免,此时网络著作权传播

---

[1] Mark Radclifle, "Digital Millennium Copyright Framework for the Internet: Steps in Practicing Law Instinute, Software and Database Licensing", *Current Trends and Proposed New Laws*, 2003: 365~388.

[2] 阎高程:"试论合同免责条款适用的法律问题",载《华中农业大学学报(社会科学版)》2004年第4期。

的各方当事人需要对该风险通过公平原则合理承担责任。"对于人为因素,如从懂得使用系统的人员那里获取使用系统的方法,或通过拨号试探等各种方式非法进入计算机系统等,在大多数情形下可归于黑客入侵,这种黑客袭击是否可以适用于避风港原则"[1],有学者认为这种黑客袭击属于不可抗力,网络内容提供者可以免责,适用避风港原则。笔者认为应该对其进行区别对待,主要包括两方面的内容:第一,黑客入侵的手段和方法能否预见;第二,网络内容提供者是否尽到合理的高度注意和谨慎义务,从而使损害后果可以避免。如果这两方面都具备,我们说网络内容提供者是可以免责的。当然,如果黑客入侵的方法和手段不能预见,但是其损害后果完全可以避免和克服,但是由于网络内容提供者没有尽到合理的注意义务而没有克服和避免,此时网络内容提供者不可以援引不可抗力而免除自己的责任,因此对于避风港原则就不能适用。

我们说避风港原则是对当事人责任的一种限制性制度,这种责任限制在相应程度上会对另一方当事人的利益造成损失,也就是说限制网络内容提供者的责任,会相应地加重网络内容提供者的责任,因此对于这两种网络内容提供者自身的内部风险,虽然其发生具有不可预见性,但是如果网络内容提供者尽到合理的注意义务,进行合理的战略制定与操作,这种风险是完全可以克服的,这种风险发生的概率就会降到最低,因此这两种风险不具备避风港原则适用的条件,应由网络内容提供者承担相应的风险负担。

(二) 网络平台提供者(IPP)的风险负担

"网络平台提供者的风险,包括法律身份风险、操作风险以

---

[1] 王迁:《网络环境中的著作权保护研究》,法律出版社2011年版,第223页。

及信用风险。网络平台提供者是一个类似于中介的服务机构,网络用户在网上看中网络作品,将钱打到网络平台账户,由网络平台通知著作权权利人进行发货,因此在这个支付过程中,其发生的风险具有很大的特殊性,因此网络平台援引避风港原则的情形也要分别予以考虑"[1]。网络平台提供者的风险当然由该平台本身的原因造成的,但是更多的是由于他人通过该平台实施的,如前文所述,网络平台提供者应该对于自己的实施行为造成的风险承担责任,这是毫无疑问的,但是对于他人的实施行为造成的风险,网络平台提供者则可以援引避风港原则,来限制或免除自己的风险负担。笔者认为,网络平台提供者在适用避风港原则时只要证明自己不是故意被他人利用,并且在知道被他人利用后作出一定的防范措施,那么,他就可以限制或免除一定的风险负担。因此,对于网络平台提供者自身的法律身份风险,如果客户与商家基于对此支付平台的信任,但是由于其不具备网络平台提供者的法律行为能力,使客户与商家遭受一定的利益损失,该网络平台提供者需要对此承担相应的责任。对于网络平台提供者的特殊风险,即信用风险,也就是说,网络平台提供者多是依附于企业,但是由于企业的经营会发生多种风险,因此网络平台提供者在网络服务中往往会发生风险,此时网络平台提供者是可以援引避风港原则的,但是网络平台提供者需要证明自己已经尽到合理的注意义务,并且这种支付风险是由企业的行为造成的,在风险发生之后,网络平台提供者及时地进行了控制,网络平台提供者就可以限制自己的风险负担。

网络平台提供者以互联网为平台,向著作权享有者和著作

---

〔1〕 尹茂宝:"网上支付风险及其防范",载《经济论坛》2006年第16期。

权使用者提供服务，在网络服务的信息交流和传递中，必然会产生很多风险。网络平台提供者应该根据网络信息安全形势的发展变化，针对网络服务出现的安全隐患，及时地进行风险监测（评估），并将检测到的风险及时地告知著作权享有者和使用者，从而可以使著作权享有者和使用者及时地采取相关的应对措施，并且应当对发生的风险采用合适的控制措施，这种措施是一种积极的作为，而不是消极地放任其发展，最后再采取补救措施。

四、网络著作权使用者的风险负担

网络著作权使用者是指在互联网上接受各种网络服务，对网络作品进行网上传播的网络用户。网络用户可分为一般用户和传播媒体。目前，新闻单位、网络信息公司和个人构成了三大主要网络著作权使用者。

网络著作权使用者在交易使用中也会存在一定的风险，由于网络著作权交易双方信息的不对称，网络著作权使用者在一定程度上是处于劣势的，避风港原则在很大程度上倾向于保护网络著作权使用者的利益，但是我们说这种保护并不是绝对的，网络著作权使用者对于所有的风险都不必承担责任，由于网络著作权使用者自身的错误造成的风险，需要其负担，而不能适用避风港原则。"网络著作权使用者自身的错误主要表现为两种情形：一是为非合理使用的目的擅自下载他人的网络作品，特别是为商业目的下载他人的网络作品，例如'网转书'现象；二是将著作权人的网络作品下载并在改动'权利标识'后上传，以达到自己的特殊目的。"[1] "需要注意的是，一般用户浏览网页的行为，其本身并不侵犯著作权，用户在浏览网页时，在其

---

[1] 蔡穗霞："浅谈网络作品著作权的保护"，载《科技资讯》2009年第2期。

使用的计算机内存和硬盘中会形成复制件,即暂时复制,当暂时复制属于合理使用时可以免责。"[1] 也就是说,网络著作权使用者在网络著作权的交易使用中应该对于自己的行为有相关的安全防范意识,合理注意自己的行为,否则无法援用避风港原则予以规制。

五、对我国在完善"避风港原则"适用条款方面的建议

网络著作权交易参与各方在尽到合理注意义务时仍然无法避免损害的发生,则可以援引避风港原则来限制自己的风险负担。如果网络内容提供者(ICP)能够预见到黑客入侵的手段和方法,并且尽到合理的高度注意和谨慎义务,从而使损害后果可以避免。我们说网络内容提供者(ICP)是可以适用避风港原则免责的。当然,如果黑客入侵的方法和手段不能预见,但其损害后果完全可以避免和克服,可是由于网络内容提供者(ICP)没有尽到合理的注意义务而没有克服和避免,此时网络内容提供者(ICP)不可以援引不可抗力而免除自己的责任,因此就不能够适用避风港原则。网络平台提供者(IPP)只要证明自己不是故意被他人利用,并且在知道被他人利用后作出一定的防范措施,就可以适用避风港原则来限制或免除一定的风险负担。但是网络平台提供者(IPP)需要证明自己已经尽到合理的注意义务,并且这种支付风险是由企业的行为造成的,在风险发生之后,网络平台提供者(IPP)及时地进行了控制。避风港原则在很大程度上倾向于保护网络著作权使用者的利益,但是我们说这种保护并不是绝对的,由于网络著作权使用者自身的错误造成的风险,需要其负担,不能适用避风港原则。

---

[1] 崔艳峰:"论网络作品的著作权保护",载《晋中学院学报》2010年第1期。

网络著作权交易是由传统交易方式衍化而来的，其与传统交易方式的不同之处就在于互联网的操作，这种操作使双方当事人从先前的"面对面"变成了现在的"背对背"形式，这种虚拟性极强的操作，使其面临着多种风险，网络著作权双方当事人适用避风港原则，可以促使双方积极的履行所承担的合同义务，对于网络著作权中出现的各种复杂性风险，在当事人之间进行公平合理分配，可以避免一定的诉讼和争议，从而有利于网络著作权的发展。当然，我们说这种公平合理的分配只是在理论高度上所期望达到的，事实上由于网络著作权各方在交易时的实际不平等地位，这种公平合理往往是无法全部实现的。另一方面，各方当事人对于避风港原则的适用，在很大程度上体现了契约自由和公平原则，是对过错原则的补充，能够有效地增进网络著作权交易的社会效益。

第四节 "一带一路"战略背景下企业的专利保护策略——以中国-东盟自由贸易区为视角

2013年9月和10月，习近平主席在出访中亚和东南亚国家期间，先后提出共建"丝绸之路经济带"和"21世纪海上丝绸之路"的重大倡议，得到国际社会高度关注。一方面，目前中国周边国家整体状况处于历史最好时期，中国改革开放以来的飞速发展世界有目共睹，因此各邻国与中国加强合作的意愿普遍上升；另一方面，推进"丝绸之路经济带"和"21世纪海上丝绸之路"（简称"一带一路"）建设，有助于国内化解产能过剩问题，实现产能向世界转移，让"中国制造"走出国门。

2015年3月28日国家发展改革委员会、外交部、商务部等部门联合发布了《推动共建丝绸之路经济带和21世纪海上丝绸之路的愿景与行动》（以下简称《愿景与行动》），标志着"一带一路"战略正式实施。《愿景与行动》特别强调要加大科技创新力度，形成参与和引领国际合作竞争新优势。因此，大力推进知识产权战略特别是专利战略，是保障"一带一路"战略顺利实施，保持中国在国际合作竞争中始终占据有利地位必不可少的一环。

中国-东盟自由贸易区涵盖19亿人口、国内生产总值（GDP）达6万亿美元，东盟国家和中国的贸易占到世界贸易的13%。[1] 作为"一带一路"战略沿线重要地区之一，中国-东盟自由贸易区的建立为中国企开拓阔了全新的市场。在"一带一路"战略背景下，中国企业如何利用自身专利优势，合理制定和实施专利保护策略，提升企业在东盟地区的市场竞争力，是企业实现"走出去"需要重点关注的问题。

一、中国-东盟自由贸易区专利环境分析

1. 东盟地区专利分布状况

在东盟各国中，新加坡专利申请总量遥遥领先（10.8万件），接近东盟地区专利申请总量的50%，马来西亚、菲律宾、越南也有一定规模，专利申请总量分别为4.3万件、3.1万件、2.1万件，但其他国家专利申请总量均不到万件，与该区域专利申请总量平均水平有很大差距。究其原因，东盟各国发达程度存在较大差异，相关研究表明，知识产权实力和发展状况与该国发达程度直接相关，[2] 因此东盟各国的专利布局也呈现出不

---

[1] 赵先要："中国-东盟自贸区仲裁法律规制的问题研究"，载《法制博览》2016年第25期。

[2] 参见孙权两、王雷："一代一路沿线国家和地区专利分布格局解析"，载《中国专利与商标》2016年第1期。

平衡发展的态势。

从总体上看,东盟地区有一定的知识产权基础,但是值得注意的是,不论是知识产权较为发达的新加坡、马来西亚等国,还是知识产权实力比较落后的其他国家,在本国申请量上都体现出"本国专利弱势"的特征。对新加坡专利申请总量进行分析,在10.8万件专利申请中,本国专利申请量为0.7万件,外国专利申请10.1万件,外国专利申请占到该国专利申请总量的95%。分析外国专利申请来源国可发现,这些外国专利申请主要来自美国、日本、德国、法国等发达国家,其中来自美国专利申请达4.5万件,来自日本专利申请达1.1万件。这种"本国专利弱势"特征不仅体现在专利申请总量上,还体现在该国重点产业领域。在交通领域,新加坡拥有一千余件的专利申请量,但其中大多是外国专利申请,仅美国和日本在该国的专利布局就达到600件;在通信领域,新加坡更是受到美国等发达国家重点布局,外国专利申请量远大于本国申请量。

中国企业在东盟各国进行了一定的专利布局,然而与美国等发达国家相比仍有很大差距。东盟各国中,中国企业在新加坡专利申请量最多,达到0.19万件,仅占该国专利申请总量的1.8%。在东盟其他国家中,我国专利申请占比也均不超过5%。由此可见,我国企业在东盟地区专利储备明显不足,在专利竞争中相对于美日等发达国家处于劣势地位。

整体上,东盟地区虽然有一定的知识产权基础,但是各国技术创新和产出专利的能力较弱,本国专利申请的积累不足。在专利布局上,发达国家已经在该区域部署了大量专利,建立了明显的专利优势,我国在该区域专利储备与发达国家相比差距悬殊。

2. 中国-东盟自由贸易区专利保护法律制度

尽管东盟各个国家有着不同的历史和文化背景，在知识经济的浪潮下，尤其是日本知识产权兴国的成功示范，极大地刺激了东盟各国在国家战略上的选择。几乎在同一时间，各国开始着手构建本国的知识产权体系。一方面，本国越来越多的成熟工业开始在外国寻求保护；另一方面，在战略考量下，越来越多的国家通过签署保护程度较高的贸易协定以寻求更长远的发展，并希望借此在区域竞争中脱颖而出。[1]

长期以来，我国十分重视与东盟各国建立知识产权合作保护机制，陆续同东盟签订了《中国-东盟全面经济合作框架协议》和《中国-东盟知识产权领域合作谅解备忘录》等复边条约，还与新加坡、泰国等国签订了多部知识产权保护方面的双边条约，为二者未来合作奠定基础。[2]

东盟各国在构建和完善知识产权制度上付出了巨大努力，取得了显著的成效，逐步建立起了自己的知识产权保护体系逐渐形成了一体化的东盟知识产权体系，很好地促进了东南亚地区的经济发展。然而值得注意的是，两类国家基于历史、经济、社会方面的原因，在知识产权的保护方面也存在一定差异。在立法模式方面，各国专利法均有不同，如菲律宾专利法同我国专利法类似，对发明、实用新型和外观设计均给予保护，而新加坡的专利法则仅保护发明，不保护实用新型，外观设计另行立法保护。[3] 在专利申请方式上，除马来西亚、缅甸、文莱、柬埔寨四国外，东盟各国均已加入《专利合作条约》，巴黎公约

---

〔1〕 Christoph Antons, "Intellectual Property in Asia: ASEAN, East Asia and India", *Deakin Law School Research Paper*, 2016, (16~21).

〔2〕 参见王帆乐等："中国-东盟国家知识产权保护合作机制的构建"，载《中国科技论坛》2016年第7期。

〔3〕 参见潘瑛："新加坡专利检索简介"，载《中国发明与专利》2014年第9期。

成员国公民可采用《专利合作条约》国际申请途径在这些国家申请专利,而没有加入《专利合作条约》的四国均为世贸组织成员,这些国家也可以直接适用《保护工业产权巴黎公约》提供的便利途径为世贸组织成员提供专利的国际保护。[1] 在专利保护期限方面,发明保护期限除马来西亚为15年外,其他国家均为20年;在对实用新型保护的国家中,印尼、越南保护期限为10年,菲律宾为7年,泰国、马来西亚保护期限较短,分别是6年和5年,但是两国都可延展。此外,东盟各国在专利审查制度等方面也存在诸多不同。因此在"一带一路"战略推进过程中,我国企业要重视东盟地区专利制度与我国的差异以及各国之间专利制度之间的差异,从而因地制宜有针对性地制定目标区域的专利保护策略。

二、中国企业在东盟地区专利保护的障碍

(一) 存在大量外国专利壁垒

专利壁垒指的是:一国政府或区域组织出于保护本国或本地区的货物贸易、服务贸易及投资等目的,在表面上以保护专利为名义,在目标国家或地区设立专利陷阱或者滥用相关的法律制度所采取的限制别国产品、服务等进入本国市场的一系列的措施和做法。[2] 近年来,中国企业在海外贸易中屡遭专利壁垒阻击。以LED产业为例,从2008年初开始到2012年上半年,中国LED企业受到多起美国"337"调查,调查内容涵盖产业链的多个环节。虽然LED市场前景广阔,然而由于核心专利技

---

[1] 参见柳福东:"东盟国家专利制度比较研究",载《知识产权》2005年第1期。

[2] 参见张援越:"中美贸易中专利壁垒问题探析",载《中国商论》2016年第19期。

术的缺失，中国 LED 企业不得不面临严峻的专利纠纷问题，严重阻碍了该产业的发展。

从东盟地区专利分布状况可以看出，东盟各国普遍存在"本国专利弱势"的特征，本国自主创新和产生专利的能力不强，大量专利被外国企业所掌控，外国专利申请占到总申请量的 90% 以上。这些外国专利申请主要来自美、日等发达国家，而中国企业在各国专利份额均不足 5%。"一带一路"战略给中国企业发展和技术革新带来了新的契机，然而发达国家经过多年布局，已经在东盟地区形成了大量专利壁垒。在竞争中发达国家势必会通过其已经获得授权的专利对中国企业进行诸多限制，抑制中国企业在东盟地区的发展。

(二) 缺少专利保护意识

我国实施知识产权战略起步较晚，国内企业知识产权保护意识不足，尤其是对专利保护的认识不够。中国企业在海外贸易中不重视专利保护，导致我国知识产权资源大量流失，在国际竞争中遭受到了不少损失。2015 年中国药学家屠呦呦，凭借着发现抗疟疾特效药青蒿素，获得诺贝尔生理学或医学奖，成为首位获得诺贝尔科学类奖项的中国女科学家。然而，科学的巨大成就却没有改变我国企业在青蒿素医药市场的尴尬境地。据统计，全世界每年青蒿素及其衍生药物的销售额多达 15 亿美元，而中国企业的市场占有量不到 1%。究其原因，就是作为中国被世界承认的自主研发的新药，却没有属于自己的专利。[1]

专利保护从其内容来看，其可以被看作是一种社会契约，根据这一契约，发明人公开他的发明内容，推动社会科技的发展；作为回报，国家授予发明人一定期限利用该项发明的独占

---

[1] 参见李沙："中国药品专利的特性及保护——基于青蒿素的启示"，载《河南科技学院学报》2016 年第 5 期。

权利。[1]"一带一路"战略在东盟地区顺利推行需要大量企业的积极参与，而我国企业普遍缺乏专利保护意识，在发展中片面追求经济指标，忽视海外投资中存在的知识产权风险，没有认识到知识产权才是企业核心竞争力，怠于将技术成果以申请专利的方式保护起来，放弃了国家赋予企业的权利，导致企业投入大量人力物力所获得的技术创新，轻易地被竞争对手窃取，甚至被对手抢注反过来制约自己的发展，不但造成巨大的损失，更会在海外贸易中丧失竞争优势。

（三）各国知识产权制度存在差异

在经济全球一体化的进程中，国与国之间的竞争日益加剧，各个国家纷纷认识到知识产权战略的重要性，东盟国家也分别制定了有利于保护本国经济的知识产权制度，如不同国家对专利保护的对象不同，对专利的保护程度不同，这种制度上的差异给中国企业在东盟地区的发展造成了一定阻碍。以广西的中药产业为例，在中药行业准入标准方面，东盟各个国家之间存在很大差异，在准入条件较为宽松的新加坡、马来西亚等国，广西中药企业比较容易打开市场，广西玉林制药厂已有 80 个种类的产品在新、马两国家登记注册；然而同属东盟的泰国的准入标准则不一样，泰国实行美国标准，中药产品注册登记必须经过多个部门层层审批，程序非常严格，导致中药产品很难以药物形式进入该国，只能以保健品类产品进入，严重制约了中药产品在该国的市场开拓。[2]

中国企业要在东盟地区谋求发展，如果对于目标国家的知

---

[1] 王伟："国际知识产权环境下中国企业专利保护研究"，上海交通大学 2013 年硕士学位论文，第 2 页。
[2] 参见庞程："知识产权视角下广西企业面向东盟实施'走出去'战略研究"，载《大众科技》2016 年第 1 期。

识产权制度不够了解,忽视了国内与国外以及东盟各国之间知识产权制度的差异,很容易在规划企业的发展战略时发生失误。而东盟各国语言、政治、文化等方面存在巨大差异,这无疑又给中国企业了解目标国家知识产权制度增加了难度。因此,如果不能很好地把握东盟各国的知识产权制度,制定符合目标国家知识产权制度的专利保护策略,中国企业不但难以在"一带一路"战略中获得成功,反而还会使自身蒙受损失。

三、我国企业专利保护的应对之策

(一)加强企业的海外专利布局

专利布局是企业防御专利侵权、占领市场和打压竞争对手的最有效手段。[1] 一般来说,专利布局指的是企业通过合理地申请专利,实现专利与专利之间的互补与配合,形成层次严密的专利保护网,最终以最小的成本实现企业对核心专利的最大限度的保护。富士康公司生产的连接器价格便宜,但却是电子设备必不可少的原件。仅仅在一个小小的连接器上,就凝集了富士康公司8000多项专利。富士康公司投入大量的人力与财力对连接器进行了极为深入的研发与挖掘,围绕核心专利进行了大量专利申请,形成了密不透风的专利防护网,竞争对手想要渗透或回避是一件无法完成的事情。[2] 因此,对于企业而言,相对完善的专利布局是非常必要的。

实施专利布局,需要做到三点:第一,做好信息方面把控。要充分挖掘专利背后的行业信息,了解目标市场的消费热点做

---

〔1〕 王宏:"'一带一路'战略下的知识产权保护问题",载《人民论坛》2016年第17期。

〔2〕 杨琳:"浅谈企业专利保护战略",载《中小企业管理与科技(上旬刊)》2016年第1期。

好专利的前景分析和情报分析。第二,积极申请专利。技术创新在获得专利授权之前,仅能作为商业秘密进行保护,这种保护程度较低,并且面临着各种不确定的风险,因此该项技术的拥有者能从中获得的预期收益也随之降低。[1] 企业获得技术创新后,必须在一国申请专利获得专利授权后才具有法律效力,一旦取得专利权,企业就掌握了专利保护的主动性,在自由运用专利的同时,还可以阻止其他国家擅自使用与自己相同或相似的专利,从而将技术创新带来的经济效益最大化。第三,结合具体情况,建立科学有效专利保护网。专利布局,不是要求企业盲目追求专利申请量,而是需要综合产业、市场和法律以及企业自身状况等因素,选择最有可能发生专利侵权的领域,紧紧围绕核心专利重点布局,构建多维高效严密的专利保护网,形成稳定的专利池。在生产经营中,一旦企业成功实施专利布局,尽管部分专利可能会被宣告无效,但是对企业的核心专利不会造成威胁,不仅能够有效地抵御竞争对手的攻击,甚至可以对竞争对手造成沉重打击。

因此,我国企业需要加强专利布局,才能在"一带一路"战略背景下在东盟地区站稳脚跟,增强企业在行业中的竞争优势,取得长足的发展。

(二) 积极寻求专利保护的跨国合作

在东盟地区推进"一带一路"建设既是中国扩大和深化对外开放的需要,也是加强和东南亚各国互利合作的需要,因此积极寻求专利保护的跨国合作是"一带一路"战略顺利推行的重要保障。一方面,东盟各国自主创新能力不足,主要发达国家在东盟各国的专利申请量占到本国专利申请总量的90%以上,

---

[1] Gavin C, "Reid and Nicola Searle and Saurabh Vishnubhakat. What's It Worth to Keep a Secret?", *Duke Law & Technology Review*, 2015, (13): 147.

专利布局几乎渗透到了所有技术领域，本国专利市场受到严重挤压，东盟各国迫切希望提升本国自主创新能力，在知识产权竞争中取得一席之地；另一方面，中国企业在"走出去"的过程中，难免会有"水土不服"，在专利保护策略的具体实施方面，东盟地区的本国企业更具优势。因此，面对发达国家在东盟地区设立的大量专利壁垒，不论是东盟国家还是中国，都很难靠一己之力完成"突围"。

在这种情况下，我国企业应当积极同东盟各国进行专利合作，尽快提升我国在"一带一路"知识产权领域的影响力，摆脱发达国家设置的专利壁垒、减少技术封锁给"一带一路"战略实施带来的冲击。具体到专利的研发、运用以及保护等环节上吸引东盟企业的加盟合作，在跨国企业的交流中互相汲取对方长处，做到利益共享，风险共担，整合各方资源，各施所长，各尽所能，形成稳定可靠地专利保护同盟，实现互利共赢。

(三) 重视专利预警工作

企业制定和实施专利保护策略，需要考虑预期投入、技术传播以及经济增长等因素，[1] 而且由于专利的地域性，在一国拥有专利权，并不意味着在他国也能获得同样的保护，并且产品的研发、生产制造、市场营销等主环节会伴随着更加复杂和频繁的技术借鉴和技术转移，稍有不慎就容易触碰到其他企业的专利雷区。如果企业在经营活动中不重视这些风险，就可能卷入专利侵权纠纷，给自身造成损失，甚至影响企业的生存和发展。因此，企业进军海外市场，有必要委托专业的律师事务所或者知识产权公司进行相应的专利调查，在产品的产销各环节和对外投资等方面进行海外市场专利预警工作。

---

[1] Nikolas Jason Zolas. International Patenting Strategies with Heterogeneous Firms, http://ssrn.com/abstract=2523438.

专利预警又称专利监控,是指企业对可能发生的专利法律风险提前发布警告,以维护企业利益和最大限度减少损失的行为。[1] 具体而言,知识产权预警包括两方面内容:一方面是对企业自身经营活动中存在专利风险进行预警。在产品研发环节,需要避免所研发的技术方案落入他人专利的保护范围之内、还要注意申请专利的时机,防止产生专利权属纠纷等专利风险;接受订单制造产品前,需要调查订单涉及的产品是否为侵权产品;产品销售环节,同样需要对产品可能涉及的专利进行核查,避免所销售的产品因许诺销售或销售行为侵犯他人专利权而承担停止侵权或赔偿责任;产品进出口前,调查当地或出口地专利状况,防止进口产品侵犯本地专利权或出口产品侵害出口地的他人专利权。另一方面,还包括对竞争对手的专利布局动向的预警。应当对竞争对手监控,通过专利检索和调查追踪竞争对手的研发动向,提前判断侵权风险,尽早进行规避。同时,狙击竞争对手的专利,当发现其不具备授权条件时,及时准备证据提出无效宣告。

专利预警可以为企业制定和实施专利保护策略提供依据,通过全面而详细地调查东盟各国的专利信息,可以评估我国企业开拓海外市场时面临的专利侵权风险,及时防范涉外专利侵权纠纷的发生,同时避免重复的技术研究,防止人力、物力和财力的浪费。有效的专利预警能够提高中国企业面对知识产权纠纷、诉讼时迅速应对的反应能力,增强企业预防及应对涉外专利纠纷的能力,降低中国企业的运营风险与成本。

(四)构建企业内外双重专利保护体系

企业自主创新受到目标国家的经济、政治、法律等方面的

---

[1] 齐荣坤、张谦明:"企业专利法律风险及有效防范的预警机制",载《科技管理研究》2014年第6期。

影响，还需要防范企业内部的技术信息外泄。因此，随着我国企业在东盟各国知识产权战略的推进和技术的不断革新，需要在企业内部和外部构建全面而系统的专利保护机制。

企业内部的专利保护，主要是指在企业内部建立规范的知识产权保密制度，通过制定适当的保密措施，增强企业技术创新成果的保密性。可以采取的措施包括加强对员工保密意识的宣传与培训、签订保密协议、制定严格的档案保管制度以及在劳动合同中加入"竞业禁止"条款等。

企业外部的专利保护，指的是企业根据目标国的具体国情，利用该国的知识产权保护制度对企业的知识产权成果进行保护。东盟各国知识产权立法水平和保护程度各不相同，因此需要针对不同国家制定相应的专利外部保护措施，但一般来说，可以采用的方式主要包括四个方面：第一是行政保护，企业通过向目标国家的知识产权有关部门举报侵权行为，对竞争对手侵犯专利权的行为予以制止和（或）给予处罚。第二是司法保护，通过向法院提起专利侵权、确权等诉讼，以司法手段实现对专利的保护，专利诉讼中需要注重诉讼策略的运用，后文将对此单独阐释，在此不再赘述。第三是海关保护，海关负责国家进出口通关，通过采取过境措施防止侵害专利权的货物通过国境进口到目标国国内。第四是国际保护，主要是企业应当了解我国和目标国家共同参加的国际公约以及签署的知识产权保护的条约，从这些公约、条约中寻求保护。

（五）灵活运用专利诉讼策略

知识经济时代，专利在市场竞争中作用日益突出，我国企业在东盟地区寻求发展的过程中势必需要应对越来越多的专利纠纷。专利诉讼是专利的司法保护的核心，也是企业实现专利保护的重要手段，因此专利诉讼策略的运用就成为企业专利保护策略的内容之一。通过合理而灵活地运用各种诉讼策略，不仅可以用来保护企业自身权利，还可以成为企业抢占市场的有力武器。一般而言，专利诉讼的最重要的目的是维权。企业在自己的专利权受到侵害时，应当积极提出诉讼，利用法律维护自身的合法权利，减少由于对方侵权带来的损失。除了维权之外，专利诉讼还可以采取其他策略以达成更多目的。根据要实现的目的不同，可以将专利诉讼策略分为抑制策略、筹码策略、宣传策略。

（1）抑制策略。我国企业在东盟市场需要同时参与目标国本国企业以及外国企业的竞争。当我国企业占据一定市场地位时，为了抑制其他竞争对手的发展，可以通过提起专利诉讼打击对手的投资信心，降低其市场信誉，打乱对手的发展方向，使对手因专利诉讼而牵扯大量精力，无暇参与下一步市场竞争，为企业在下一阶段的市场竞争中取得优势提供缓冲。采用抑制策略不以胜诉为最终目标，即使最终败诉、撤诉或和解，只要能够减缓对手的发展步伐，为己方争取占领市场的时间就达到了诉讼目的。

（2）筹码策略。当企业被控侵犯其他企业的专利权，或者为了获得其他企业的专利许可时，可以通过向其提起诉讼或反诉，打压对手的心理预期，增加己方谈判的筹码，动摇竞争对手的信心，从而减少己方损失或交易成本，更好地抢占市场。需要注意的是，采用筹码策略提起诉讼，需要瞄准对方的弱点，有针对性地搜集证据和主张权利，其核心是要让对手感受到压力，从而迫使其作出妥协或让步。

（3）宣传策略。企业传统的宣传方式是通过支付高额的广告费、公关费等宣传费用来提高其市场知名度。然而适当地对竞争对手提起专利诉讼同样可以达到宣传的效果。2011年苹果诉三星专利侵权案就是专利诉讼宣传策略的典型应用，两家公司的专利之争被全世界各大媒体竞相报道，并长期占据媒体焦点位置，其他竞争对手的曝光机会则被压缩。通过专利诉讼，两家公司的销量不降反增，市场地位得到极大提升，成了智能手机市场最大的两个赢家，得到了比传统宣传方式更好的效果。专利诉讼的宣传策略尤其适合于"敌强我弱"的情况，当我方市场地位较低时，向具有较高市场地位的竞争对手提起专利诉讼，可以迅速引起媒体和社会的关注，吸引公众眼球，从而提升企业品牌和产品知名度，相当于利用诉讼进行了免费的宣传。

四、结语

综上，在"一带一路"战略背景下，中国-东盟自由贸易区为中国企业带来了新的机遇和挑战，中国企业在"走出去"的过程中需要提高专利保护意识，自主创新和专利保护双管齐下，打好专利保护的组合拳，在市场竞争中赢得有利地位，维护企业的经营成果。

第四章
司法裁判典型案例评析

第一节 菲维亚珠宝有限两合公司诉众华堂工艺品公司、众华堂珐琅首饰研发中心侵害著作权与不正当竞争纠纷案

一、案例基本信息

案例类型	著作权侵权 仿冒行为 不正当竞争 民事案件
案例名称	菲维亚珠宝有限两合公司诉中山众华堂工艺品公司、珠海众华堂珐琅首饰研发中心侵害著作权与不正当竞争纠纷案[1]
裁判文书	一审：广东省中山市第一人民法院［2015］中一法知民初字第173号《民事判决书》 二审：广东省中山市中级人民法院［2016］粤20民终1574号《民事判决书》
合议庭成员	一审：审判长冯穗波、代理审判员谢劲东、人民陪审员黄丹民 二审：审判长徐红妮、审判员焦凤迎、审判员马燕
一审原告	菲维亚珠宝有限两合公司（以下简称"菲维亚公司"）

---

[1] 本案为2017年广东省十大涉外知识产权案例之一。

续表

一审被告	中山众华堂工艺品公司（以下简称"众华堂公司"）、珠海众华堂珐琅首饰研发中心（以下简称"众华堂中心"）
二审上诉人	众华堂公司、众华堂中心
二审被上诉人	菲维亚公司
受理日期	一审：2015年7月30日 二审：2016年5月3日
裁判日期	一审：2015年12月30日 二审：2016年9月8日
法律程序	一审、二审
一审判决结果	一、众华堂公司、众华堂中心于本判决发生法律效力之日起七日内，撤除在官方网站、阿里巴巴网店及淘宝网店上的侵害菲维亚公司《向白水（生命螺旋）致敬》作品（著作权登记号：2010-F-023699）的著作权及构成不正当竞争行为的侵权图片； 二、众华堂公司、众华堂中心于本判决发生法律效力之日起立即停止生产、销售侵害菲维亚公司《向白水（生命螺旋）致敬》作品（著作权登记号：2010-F-023699）著作权的产品； 三、众华堂公司、众华堂中心向菲维亚公司赔偿经济损失（含制止侵权的合理费用）8万元； 四、驳回菲维亚公司的其他诉讼请求。
二审判决结果	一、维持广东省中山市第一人民法院［2015］中一法知民初字第176号民事判决第二、三项； 二、撤销广东省中山市第一人民法院［2015］中一法知民初字第176号民事判决第一、四项； 三、众华堂公司、众华堂中心于本判决发生法律效力之日起七日内，撤除在其官方网站上侵害菲维亚公司著作权登记号为2010-F-023699、名称为《向白水（生命螺旋）致敬》作品著作权的图片； 四、驳回菲维亚珠宝公司的其他诉讼请求。

第四章　司法裁判典型案例评析

续表

涉案法律法规和解释	一审： 《民法通则》第118条[1] 《著作权法》第10条第1款第（5）项[2]、第11条[3]、第21条[4]第2款、第47条[5]第（7）项、第48条[6]第（1）项、第49条[7]

---

〔1〕《民法通则》第118条："公民、法人的著作权（版权）、专利权、商标专用权、发现权、发明权和其他科技成果权受到剽窃、篡改、假冒等侵害的，有权要求停止侵害，消除影响，赔偿损失。"

〔2〕《著作权法》第10条："著作权包括下列人身权和财产权：……（五）复制权，即以印刷、复印、拓印、录音、录像、翻录、翻拍等方式将作品制作一份或者多份的权利；……"

〔3〕《著作权法》第11条："著作权属于作者，本法另有规定的除外。创作作品的公民是作者。由法人或者其他组织主持，代表法人或者其他组织意志创作，并由法人或者其他组织承担责任的作品，法人或者其他组织视为作者。如无相反证明，在作品上署名的公民、法人或者其他组织为作者。"

〔4〕《著作权法》第21条第2款："法人或者其他组织的作品、著作权（署名权除外）由法人或者其他组织享有的职务作品，其发表权、本法第十条第一款第（五）项至第（十七）项规定的权利的保护期为五十年，截止于作品首次发表后第五十年的12月31日，但作品自创作完成后五十年内未发表的，本法不再保护。"

〔5〕《著作权法》第47条："有下列侵权行为的，应当根据情况，承担停止侵害、消除影响、赔礼道歉、赔偿损失等民事责任：……（七）使用他人作品，应当支付报酬而未支付的；……"

〔6〕《著作权法》第48条："有下列侵权行为的，应当根据情况，承担停止侵害、消除影响、赔礼道歉、赔偿损失等民事责任；同时损害公共利益的，可以由著作权行政管理部门责令停止侵权行为，没收违法所得，没收、销毁侵权复制品，并可处以罚款；情节严重的，著作权行政管理部门还可以没收主要用于制作侵权复制品的材料、工具、设备等；构成犯罪的，依法追究刑事责任：（一）未经著作权人许可，复制、发行、表演、放映、广播、汇编、通过信息网络向公众传播其作品的，本法另有规定的除外；……"

〔7〕《著作权法》第49条："侵犯著作权或者与著作权有关的权利的，侵权人应当按照权利人的实际损失给予赔偿；实际损失难以计算的，可以按照侵权人的违法所得给予赔偿。赔偿数额还应当包括权利人为制止侵权行为所支付的合理开支。权利人的实际损失或者侵权人的违法所得不能确定的，由人民法院根据侵权行为的情节，判决给予五十万元以下的赔偿。"

续表

	1993年《反不正当竞争法》第5条[1]第（2）项、第20条第1款 《最高人民法院关于审理著作权民事纠纷案件适用法律若干问题的解释》第25条[2]、第26条[3]、第28条[4] 《民事诉讼法》第64条[5]第1款 二审： 《民法通则》第118条 《著作权法》第10条第1款第（5）项、第11条、第21条第2款、第47条第（7）项，

---

[1] 1993年《反不正当竞争法》第5条："经营者不得采用下列不正当手段从事市场交易，损害竞争对手：（一）假冒他人的注册商标；（二）擅自使用知名商品特有的名称、包装、装潢，或者使用与知名商品近似的名称、包装、装潢，造成和他人的知名商品相混淆，使购买者误认为是该知名商品；（三）擅自使用他人的企业名称或者姓名，引人误认为是他人的商品；（四）在商品上伪造或者冒用认证标志、名优标志等质量标志，伪造产地，对商品质量作引人误解的虚假表示。"

[2] 《最高人民法院关于审理著作权民事纠纷案件适用法律若干问题的解释》第25条第1、2款："权利人的实际损失或者侵权人的违法所得无法确定的，人民法院根据当事人的请求或者依职权适用著作权法第四十八条第二款的规定确定赔偿数额。人民法院在确定赔偿数额时，应当考虑作品类型、合理使用费、侵权行为性质、后果等情节综合确定。"

[3] 《最高人民法院关于审理著作权民事纠纷案件适用法律若干问题的解释》第26条："著作权法第四十八条第一款规定的制止侵权行为所支付的合理开支，包括权利人或者委托代理人对侵权行为进行调查、取证的合理费用。人民法院根据当事人的诉讼请求和具体案情，可以将符合国家有关部门规定的律师费用计算在赔偿范围内。"

[4] 《最高人民法院关于审理著作权民事纠纷案件适用法律若干问题的解释》第28条："侵犯著作权的诉讼时效为两年，自著作权人知道或者应当知道侵权行为之日起计算。权利人超过两年起诉的，如果侵权行为在起诉时仍在持续，在该著作权保护期内，人民法院应当判决被告停止侵权行为；侵权损害赔偿数额应当自权利人向人民法院起诉之日起向前推算两年计算。"

[5] 《民事诉讼法》第64条第1、2款："当事人对自己提出的主张，有责任提供证据。当事人及其诉讼代理人因客观原因不能自行收集的证据，或者人民法院认为审理案件需要的证据，人民法院应当调查收集。"

续表

裁判要点[1]	1. 著作权侵权认定应遵循"接触+实质性相似"的判断原则，即如果被诉侵权图案的创作者曾接触过涉案作品，同时该被诉侵权图案又与涉案作品存在内容上的实质性相似，则除非有合理使用等法定抗辩理由，否则即可认定其为侵权。 2. 图案上是否具备螺旋形图案、周围小点的具体排布位置，以及在色彩使用上的差异虽然存在，但考虑到二者均由密致的色段构成反复的色彩排列，每一条色段的颜色均为单一纯色，色环包括深色环以形成间隔，色环不均匀间隔散布有面积较小的色块形成点缀，主色调包含有红、黄、绿，以深色形成边框，而以上相同的表达形式在涉案作品中因占比作品面积大带来的视觉效果冲击力也更多，同样属于作品独创性的主要组成部分，故本院认定上述差异虽然存在但属于细微差异，且被诉侵权的图案与涉案作品中特有的大部分组合表达方式相同，不足以影响两者构成实质性相似的认定。同时，由于众华堂公司、众华堂中心并没有任何证据证明其属于合理使用，故法院认定被诉侵权图案构成了对涉案作品著作权的侵害。 3. 由于侵权图案外观设计专利权的申请日为2012年9月10日，而涉案作品的创作完成日为2009年1月1日，在维也纳首次发表于2009年4月1日，因外观设计专利权相对于涉案作品的著作权属于在后权利，故关于使用被诉侵权图案的饰品因享有在后外观设计专利权而不侵害涉案在先的著作权的上诉意见，明显不能成立，法院未予采纳。 4. 因被诉侵权行为只侵害了菲维亚公司的著作财产权，不符合适用赔礼道歉民事责任的条件，故对于菲维亚公司赔礼道歉的上诉请求，法院不予支持。 5. 由于菲维亚公司未能提供证据证实其实际损失的情况以及众华堂公司、众华堂中心因侵权而获利的情况，

[1] 摘自二审判决：中山市中级人民法院［2016］粤20民终1574号《民事判决书》。

续表

	并结合菲维亚公司以及涉案作品的具体情况,根据菲维亚公司提交的关于含有涉案作品的产品广告,可以认定涉案饰品的知名度较高,在此情形下,一审法院特别考虑涉案作品作为实用艺术品的知名度,并结合众华堂公司、众华堂中心侵权行为的方式包括有复制、发行等,特别是从2013年已在其官网上传推销"亚马逊"系列产品,侵权持续时间较长、主观过错程度大,酌定众华堂公司、众华堂中心应向菲维亚公司赔偿经济损失(含制止侵权的合理费用)8万元是合法、适当的。而菲维亚公司在二审中提交的关于其支出的合理费用的票据因属于域外证据,没有经过公证认证,故法院对此未予认可。
案例规则	1. 当著作权侵权与不正当竞争行为产生法律责任竞合时,法院应向权利人释明择其一来保护其权利。 2. 著作权必须以某种形式予以表现,美术作品虽附着于首饰形状上,但进行相似性比对时其可以脱离于附着物,独立进行侵权比对。 3. 艺术首饰作品的赔偿数额,应当充分考虑市场占有率、公众认知度及销售范围,根据侵权规模、持续时间长及主观恶意程度等因素予以认定。

二、案例综述

【主要诉请】

原告请求判令众华堂公司、众华堂中心停止侵权及不正当竞争行为,消除影响、赔礼道歉,支付赔偿款18万元及合理费用2万元。

【基本事实】

(一)菲维亚公司主张著作权的权利依据及被诉侵权的对象分别是什么?

权利依据为与第2010-F-023699号著作权登记证书登记的美术作品相对应的吊坠实物的著作权,即实用艺术品的著作权。

只要实用艺术品中的美感能够与实用功能在物理或观念上分离，从而可以独立存在，就可以作为美术作品受到著作权法的保护。公证实物上的装饰图案即为被诉侵权的图案与涉案美术作品。同个系列不同首饰所共同使用的装饰图案独立于首饰的外形惯常设计，故被诉侵权对象仅为首饰上的美术图案，不包括首饰外形设计。

法院审查确认的事实：

镶嵌于吊坠实物之上的装饰图案在物理上可以与其用来佩戴的实用功能部分实现分离，因此可以对该艺术成分即装饰图案作为实用艺术品的一部分以美术作品来保护。菲维亚公司可以直接以涉案著作权登记证书上的装饰图案即该美术作品进行比对。

虽然用以比对的载有被诉侵权图案的公证实物仅为型号系bracelet-20-009的15厘米宽手镯产品，但菲维亚公司明确其指控的系与该公证实物使用相同或相似装饰图案的系列产品，故使用被诉侵权图案的产品不仅包括公证实物，还包括其在网站上上传的手镯、耳环、戒指、耳钉、吊坠等使用相同或相似装饰图案的同系列首饰。与上同理，使用同一被诉侵权图案的首饰系列虽然首饰的具体外形存在不同，但由于菲维亚公司指控的是该同个系列不同首饰所共同使用的装饰图案，且首饰的外形属于惯常设计，故在具体比对时，首饰的具体外形无需纳入本案比对的范围，仅以公证实物上的装饰图案作为被诉侵权的图案与涉案美术作品进行比对即可，而无需再将除公证实物以外的其他同系列首饰与涉案作品进行重复比对。

（二）菲维亚公司涉案饰品图案是否具有独创性？

菲维亚公司的涉案饰品是实用艺术品，实用艺术作品应归属于美术作品范畴，其体现了作者的创作技术，凝聚了作者的创作灵感，具备区别与其他产品的独特性。因此涉案饰品图案具有独创性，应当受我国著作权法保护。

法院审查确认的事实：

菲维亚公司涉案饰品的图案主要体现在饰片上，包括以下特征：①包含螺旋中心及围绕螺旋中心环绕的色环的部分或全部；②每一条色环的颜色均是单一纯色；③色环包括深色环以形成间隔；④色环偏中位置不均匀间隔散布有面积较小的色块形成点缀；⑤除背景色外，主色调以红色、黄色、绿色、淡紫为主；⑥饰片以深蓝色形成边框。以上特征体现了设计师对线条、色彩和具体画面设计的个性化的智力选择和判断，具有一定智力创作性，应受到著作权法的保护。

(三) 众华堂公司、众华堂中心是否侵害了涉案作品的著作权？

根据"接触+实质性相似的原则"，众华堂公司、众华堂中心曾接触过菲维亚公司的涉案饰品，同时被诉侵权图案又与涉案作品存在内容上的实质性相似，故可以认定被诉侵权图案侵害了涉案作品的著作权。

法院审查确认的事实：

(1) 涉案作品于2009年1月1日创作完成，于2009年4月1日在维也纳首次发表，并在我国各相关杂志、网站进行广泛的宣传报道。而众华堂中心成立于2012年7月25日，众华堂公司成立于2012年10月29日，众华堂公司、众华堂中心提交的公证网页上显示被诉饰品的销售时间以及产品实物视图的标注时间，均晚于涉案作品的创作和发表时间，故涉案作品的创作时间较众华堂公司、众华堂中心早。

(2) 众华堂公司、众华堂中心同为珐琅首饰的设计、制造和销售单位，基于菲维亚公司的品牌知名度及其对其饰品的广泛宣传报道，可以认定众华堂公司、众华堂中心与菲维亚公司的涉案作品曾有接触。

（3）将使用被诉侵权图案的饰品与涉案作品进行比对，一审法院认为，使用被诉侵权图案的饰品虽然涉及多种不同形状，但饰品的形状应作为饰品设计行业中的惯常设计，至于部分缺少螺旋中心及小色块分布位置稍有不同均属细微差别，不是产品的最实质部分。被诉侵权图案的设计、色彩的选择等与涉案饰品相应部分相似，而该相似部分恰恰是涉案作品中最具独创性、最主要或者最实质性的部分，故二者构成实质性相似。

（四）众华堂公司、众华堂中心是否构成不正当竞争行为？

菲维亚公司系于1951年在奥地利创建的公司，目前在全球拥有多家销售店，在中国大陆和香港每年的销售额均在10万欧元以上，曾被多家知名网站及时尚杂志报道，在公众心目中具有一定的知名度。被告擅自使用了与知名商品特有的装潢相近似的装潢而构成不正当竞争行为。

法院审查确认的事实：

菲维亚公司的涉案饰品在中国境内已具有一定的市场知名度，为相关公众所知悉，应当认定为知名商品。经比对，被诉侵权的图案作为饰品装潢与菲维亚公司涉案饰品的装潢视觉上基本无差别，构成近似，故被诉侵权饰品中擅自使用与涉案知名饰品近似的装潢，使相关公众将被诉侵权饰品误认为是菲维亚公司的该知名商品或认为其与菲维亚公司有特定关联，已构成不正当竞争行为。

（五）赔偿数额如何认定？

菲维亚公司认为众华堂公司、众华堂中心侵权规模大、范围广、持续时间长，侵权情节极其严重，自2013年以来，其通过官方网站、阿里巴巴网店及淘宝网店多个平台进行宣传和销售，影响非常广泛，且一直是紧跟其新产品的发布进行长期持

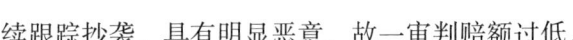

续跟踪抄袭,具有明显恶意,故一审判赔额过低。

法院审查认定的事实:

由于菲维亚公司未能提供证据证明其因被诉的著作权侵权及不正当竞争行为而遭受的实际损失的情况以及众华堂公司、众华堂中心因此而获利的情况,综合考虑涉案作品的独创性程度、众华堂公司、众华堂中心实施的侵权及不正当竞争行为的性质、情节、主观过错程度以及菲维亚公司因制止侵权行为所支付的合理开支等因素,酌定众华堂公司、众华堂中心应向菲维亚公司赔偿经济损失(含制止侵权的合理费用)8万元。

【案例背景】

(一) 关于奥地利建筑师、画家百水先生(Friedensreich-Hundertwasser,1928-2000年)

FriedensreichHundertwasser(又译"百水")奥地利艺术家、建筑设计师,1928年12月15日出生在维也纳。6岁开始创作绘画,并展露出对色彩和形状非凡的领悟力。少年时期,他进入维也纳艺术学院学习,并于1948年自己改名为弗里登斯莱布·百水。青年时期曾在法国巴黎学习绘画,风格深受德国表现主义的影响。1958年,百水荣获巴西圣保罗艺术双年展大奖。堪称奥地利最为古怪的艺术家之一,其名与其作一样与众不同。综合维也纳青春风格,瑞士艺术家保罗克莱以及东方微型艺术之特点,百水创造了别具一格的平面抽象的、既具装饰性,又色彩艳丽的绘画风格。其螺旋状、圆圈式曲折迂回、迷宫一样的形状和线条以及隐藏其间的千变万化的动植物形象,令观者一眼就能够识别出这便是百水的作品。作为奥地利最古怪的艺术家之一,百水先生拒绝理论,相信感官领域,一生排斥直线和刻板,厌恶对称和规则。创造了别具一格的装饰艺术风格:抽象的如梦境一般的画面、明亮艳丽的色彩,令观者仿佛进入了童年记忆里的童话世,有时近乎天真幼稚,有时又给人离经叛道的疯狂之感。[1]

原告诉称本案涉案作品的创作灵感来源于奥地利建筑师、画家白水先生(FriedensreichHundertwasser,1928-2000年)的画作《螺旋》(Spiral),作品以神秘主义色彩,体现了作者对生命的尊重和敬畏。作品图案主要有以下特征:①包含螺旋中心及沿环绕在螺旋中心的色环,其中螺旋是生与死的象征,弯曲的线条和华美的画面象征了不同的生活驿站;②色带包括一种深色形成的矩形边框;③每一条色环的颜色均是纯色;④色环包括深色环以形成间隔;⑤不同色带交界位置不均匀散布有面积较小的色块形成点缀,象征生活驿站;⑥除背景色外,主色调以红色、黄色、绿色、淡紫为主。

(二) 关于"白马藏舞"

每年农历正月初三至初六、四月十八和十月十五,白马藏族都要跳舞。意为吉祥面具舞,汉语俗称"十二相舞"。它源于白马人崇尚"万物有灵"的原始时期,是氐羌文化与藏文化的融合体,带有一定的祭祀性。他们头戴木雕面具,以鼓钹和铜号为主要伴奏乐器,载歌载舞,这是白马人最重要的群众性娱乐活动。旨在祭祀神灵、祈求平安、驱鬼避邪,其拟兽舞蹈的特征说明它应是远古"百兽率舞"的遗存之一,也代表了白马藏族希望与自然界的野兽和谐相处,天人合一的思想。表演者在浑厚有力的鼓号声中,以碎步沿逆时针方向转圈而舞,舞姿多模拟各种禽兽的动作。每当逢年过节,各个部落在戴上他们本部落的标志性面具后,驱邪祈福的歌舞表演就开始了。实际上,这既是森林里动物真实生活状态的一种翻版,也是人与动

---

[1] 来源 https://baike.so.com/doc/6808640-7025593.html。

物和谐相处的一种表现形式。在这种氛围中，孩子们不知不觉就度过了他们美丽的童年时光，长大后，心领神会的他们又不约而同地成了舞者中新的一员。[1]

被告诉称本案被诉侵权图案的创作灵感和构思来源于中国藏族分支白马藏族妇女们穿着具有鲜明民族特色的五彩条纹袍裙围着篝火跳舞的场景，他们妇女的服饰，是以各种彩色布条镶缝而成的，彩条颜色主要有黑、红、蓝、绿、黄，看上去艳丽夺目。被诉侵权图案中的黑、红、蓝、绿、黄这五彩条纹，即指白马藏人妇女跳舞时服饰上的黑、红、蓝、绿、黄五彩条纹，金黄色点状图形即指白马藏人跳舞时篝火中飞舞的火星。

（三）关于菲维亚公司和众华堂公司、众华堂中心的经营范围

（1）菲维亚珠宝有限两合公司。菲维亚珠宝有限两合公司（"FREYWILLE" GmbH&CO. KG）系由维也纳著名的珐琅艺术家 MichaelaFrey 于 1951 年始创，住所地奥地利维也纳 1060 Gumpendorfer 大街 81 号。公司经过超过 60 年的发展，如今"FREYWILLE"品牌首饰已经成为和施华洛世奇水晶齐名的奥地利国宝级品牌，是全球知名奢侈品公司之一。在全世界各重要城市有多家销售店，2011 年 11 月 4 日《嘉人 MarieClaire》介绍菲维亚公司"所设计出品的艺术首饰，因坚决与纯粹的艺术结合，不但成为奥地利国宝级品牌，更是成为闻名全世界的珐琅饰品制造商"。"FREYWILLE" GmbH&CO. KG 自 2004 年即进入中国并在北京开设第一家以"FREYWILLE"命名的专卖店，迄今为止，该专卖店已扩展至 14 家，分布在北京、哈尔滨、长春、南京、沈阳、西安、太原等地，其品牌及产品在包括《中国工商报》在内的报刊上进行宣传，被包括《MarieClaire》《时

---

[1] 来源 https://baike.so.com/doc/9948006-10295500.html.

尚 COSMO》《优品 tradingup》及《百代风流》在内的著名时尚杂志报道，并被中国工商报社编制的《中外著名企业商标维权识别手册》（2012 年）及《中国工商行政管理年鉴》（2013 年）收录在册，在中国（包括港澳台地区）均具有很高的知名度。[1]

（2）众华堂工艺品有限公司。众华堂工艺品有限公司于 2012 年 10 月 29 日在广东省中山市工商行政管理局注册成立，投资者为杨奇和杨仲华，注册资本为 10 万元人民币，公司性质属于有限责任公司，自 2012 年 10 月 29 日成立。公司主要经营生产、加工、销售：工艺美术品、首饰。[2]

（3）珠海众华堂珐琅首饰研发中心。中国现代意义上的珐琅彩饰品是由珠海众华堂杨家兄弟于上世纪末本世纪初，经过许多年不懈努力、艰苦研究，吸取广东传统画珐琅与欧洲现代画珐琅的各自优点，终于在 2006 年在中国首创研发成功。此种现代意义上的珐琅饰品与欧洲奢侈品牌"FREY WILLE"及"爱马仕"的珐琅饰品工艺几乎相同。杨家兄弟研发成功之后，于 2006 年在珠海成立众华堂珐琅饰品工艺坊，将珐琅饰品付诸生产，并将产品推向市场，后发展至今拥有众华堂珐琅首饰研发中心和众华堂工艺品有限公司两个经珠海和中山政府注册的两个分公司，珠海研发中心专门负责原材料的配方调制、研究、择优去劣及新产品的开发，中山生产工厂专门负责生产加工出货。产品主要有：珐琅项坠、珐琅手镯、珐琅戒指、珐琅耳环、珐琅袖扣、珐琅皮带扣、珐琅表盘、珐琅表链、珐琅钢笔及其他珐琅制品。[3]

---

[1] 来源 http://www.freywille.com.
[2] 来源 http://wbgjgyp.cn.biz72.com.
[3] 来源 http://www.enameljewelry.cn.

(四)接触+实质性相似原则(参见【名词解释】接触+实质性相似原则)

(1)两件作品或技术经鉴定构成实质性相似,即创造在后的作品或技术与创造在先的作品或技术在思想表达形式或思想内容方面构成同一。在这里,"实质性相似"在于说明被控侵权作品或技术复制了或来源于享有知识产权的在先作品或技术,前者不构成具有创造性的新作品、新技术。

(2)被控侵权作品或技术的行为人接触了享有知识产权的在先作品或技术。关于"接触"事实的证明,是指享有知识产权的作品或技术在被控侵权作品或技术之前公之于众;在下列情形下,也可推定行为人有接触权利人作品或技术的事实:在后作品或技术与在先作品或技术明显相似,足以排除在后作品的独立创造的可能性;在后作品或技术包含与在先作品或技术相同的特征、技术或风格,其相同之处难以用巧合作出解释。

在著作权领域,对侵权行为与合法利用行为的界分,一般采取"思想内容—思想表现形式"二分法和"抽象观察法"。"思想表现形式"是著作权理论中的基本逻辑概念,在文学、艺术、科学等创作领域具象为作品。各国著作权立法遵循相同的基本原则,即保护思想表现形式,而不保护思想内容本身。尽管目前理论界对思想内容与表现形式的构成尚有争议,但是可以肯定的是,对作品的保护不延及任何思想、程序、方法、体系、操作方法、概念、原理和发现,而不论上述内容在作品中以什么形式描述和说明。[1]

本案涉案作品于2009年1月1日创作完成,于2009年4月

---

[1] 参见《美国版权法》第102b条。

1日在维也纳首次发表,并在我国各相关杂志、网站进行广泛的宣传报道。而众华堂中心成立于2012年7月25日,众华堂公司成立于2012年10月29日,众华堂公司、众华堂中心提交的公证网页上显示被诉饰品的销售时间以及产品实物视图的标注时间,均晚于涉案作品的创作和发表时间,可以判断涉案作品的创作时间在先。基于菲维亚公司的品牌知名度及其对其饰品的广泛宣传报道,可以认定众华堂公司、众华堂中心对涉案作品熟知并曾有接触。根据产品比对,两者的不同点有:①饰品的形状不同;②部分被诉侵权图案没有明显的螺旋中心;③色环上点缀的小色块位置不同。两者的相同点有:①均由致密的色环(或色段)构成繁复的色彩排列;②每一条色环的颜色均是单一纯色;③色环包括深色环以形成间隔;④色环上不均匀间隔散布有面积较小的色块形成点缀;⑤颜色以红色、黄色、淡紫为主色调;⑥饰片以深色形成边框。侵权作品的表现形式与涉案作品除螺旋漩涡部分外的其余部分实质相似。

三、案例评析

【名词解释】

(一) 接触+实质性相似原则

接触加相似原则就是指人民法院在审理侵犯商业秘密案件中,如果被告所使用的商业信息(包括技术信息和经营信息)与权利人的商业秘密相同或实质性相似,同时权利人又有证据表明被告在此前具备了掌握该商业秘密的条件,那么就必须由被告来证明其所使用之商业信息的合法来源,否则即应承担侵权赔偿责任。在"接触加相似性"中,接触是指被告有机会看到、了解到或感受到原告享有版权的作品。一般说来,原告作品的广泛传播,或者说公众有机会通过书店、图书馆、广播、电视等方式接触到作品，都可以推定被告接触了原告的作品。此外，即使作品没有公开传播，但如果是由原告专门提供给被告的（如雇佣关系、出版发行关系），也可以推定被告接触了原告的作品。

接触作品必须是由证据证明的一种可能性，而不能仅仅是一种猜测或推测。接触作品，可以是直接接触，也可以是间接接触。相似性是指被告的作品与原告的作品相似到这样一种程度，除了解释为复制，不可能有其他解释。这里所说的"复制"，英文是 copy 或 copying，而非 reproduction。尽管这两个词在汉语里都可以译为"复制"，但只有 reproduction 相当于中国著作权法所说的复制，即以印刷、复印、拓印、录音、录像、翻录、翻拍等方式将作品制作一份或多份的行为。至于 copy，在含义上则更为广泛，不仅包括复制，还包括抄袭、改编、翻译等。[1]

（二）惯常设计

2009年的《专利法》及现行司法解释引入了"惯常设计"的规定，但对其定义语焉不详。2010年的《专利审查指南》中认为惯常设计是指现有设计中一般消费者所熟知的、只要提到产品名称就能想到的相应设计，并认为当产品上某些设计被证明是该类产品的惯常设计（如易拉罐产品的圆柱形状设计）时，其余设计的变化通常对整体视觉效果更具有显著的影响。因我国对外观设计采取"整体保护主义"而非"部分保护主义"故在侵权判定与专利确权中，准确地界定"惯常设计"与"特有设计"往往影响案件的最终走向。从举证责任看，惯常设计的主张，应当严格贯彻谁主张、谁举证的原则。

---

[1] 来源 https://baike.so.com/doc/9159863-9493041.html.

本案中饰品的形状应作为饰品设计行业中的惯常设计，不具有独创性，例如手镯、戒指的圆形设计，判断产品区别最实质的部分是饰品上的图案设计和色彩搭配，在图案设计和色彩搭配中的细微差别不足以影响二者构成实质性相似。

（三）两合公司

两合公司是由无限责任股东和有限责任股东所组成的公司。其中无限责任股东对公司债务负连带无限的清偿责任，而有限责任股东则以其出资额为限对公司债务负有限清偿责任。前者类似于无限公司股东（见"无限公司"），对公司负有很大责任，因而享有对公司的直接经营管理权，对外可代表公司，后者则无权管理公司业务，对外不能代表公司。两合公司是无限公司的发展，兼有无限公司信用高和有限公司集资快的优点。法、日等国承认它是法人，英美等国则视其为是有限合伙。

两合公司是在大陆法国家公司法中规定的公司形式。在英美法国家，一般视其为有限合伙，以有限合伙来进行规范。此外，还有一种特殊的两合公司，即股份两合公司，它是两合公司的一种特殊形式，普通的两合公司兼有无限公司和有限公司的特点，而股份两合公司则兼有无限公司和股份有限公司的特点。股份两合公司与一般两合公司的不同在于，其有限责任股东是以认购股份即购买公司股票的形式进行出资，从而使其在对外吸收社会投资上比一般两合公司更容易。

当代经济活动的日益复杂，使得上述公司形式中无限公司及两合公司股东的投资风险更加突出，采用这两种公司形式的国家已经不多，而股份两合公司因其有限责任股东无权参与公司经营管理，其地位不如股份有限公司股东，对投资人吸引力日渐减弱，采用该形式的国家更少，有的国家如日本甚至在立法中将其废除。[1]

(四) 珐琅

珐琅,英文名"enamel",在广东俗称"烧青",在北京俗称"烧蓝"。是指一种将彩釉和金属胎通过高温窑炉烧结于一体的复合工艺品。与"艺术搪瓷"属同类,主要分画珐琅、掐丝珐琅、内填珐琅三大种。珐琅是以矿物质的硅、铅丹、硼砂、长石、石英等原料按照适当的比例混合,分别加入各种呈色的金属氧化物,经焙烧磨碎制成粉末状的彩料后,再依其珐琅工艺的不同做法,填嵌或绘制于以金属做胎的器体上,经烘烧而成为珐琅制品。珐琅的基本成分为石英、长石、硼砂和氟化物,与陶瓷釉、琉璃、玻璃(料)同属硅酸盐类物质。中国古代习惯将附着在陶或瓷胎表面的称"釉";附着在建筑瓦件上的称"琉璃";而附着在金属表面上的则称为"珐琅"。[2]

(五) 画珐琅

画珐琅,画珐琅又称"洋瓷",是指直接在金属胎上用珐琅颜料绘制图案后入炉烧制而成的珐琅工艺。画珐琅起源于西欧法国里摩日小镇,于清代康熙年间经粤海关传入中国广东。并由清政府在广东设厂制造,多带西洋风格,因此画珐琅也叫"广珐琅"或"广东珐琅",是广东省首批非物质文化遗产。作为广东一大特色工艺,历史上就是广东省主要的出口商品,从清代到民国、再到当代,已行销海内外三百余年。据清代蓝滨南在其《景德镇陶录》中记载,画珐琅是以金属铜做器骨(胎),用五颜六色的瓷粉(珐琅釉)经烧制而成。简单地说,就是先于红铜胎上涂施白色珐琅釉,入窑烧结后,使其表面平滑,然后以各种颜色的珐琅釉料绘饰图案,再经焙烧而成。画

---

[1] 邹瑜、顾明总主编:《法学大辞典》,中国政法大学出版社1991年版。

[2] 来源 https://baike.so.com/doc/5223301-5455744.html。

珐琅富有绘画趣味，故又称"珐琅画"。[1]

【焦点评析】

（一）被诉侵权图案与涉案作品在内容上实质性相似的认定

美国版权法将实质性相似的判断方法归纳为三种：整体观感法、抽象分离法和三段论侵权认定法。整体观感法是指以普通观察者对作品整体上的感受来确定两部作品之间是否构成实质性相似；抽象分离法是指通过抽象的手段，将作品中的思想、事实或通用元素等不受保护部分予以分离，以作品中受保护的部分予以比对，从而判定两部作品是否构成实质性相似。[2] 我国法院通常运用这两种不同的方法来判断实质性相似。本案的涉案作品属于艺术首饰，具有独特的设计感，大胆夸张的图案、绚烂夺目的颜色、富想象力的花式、变幻各异的风格等，艺术首饰主要强调其设计，而非所用材质。被诉侵权图案模仿了涉案作品，仅对珠宝首饰图案中的非实质部分稍作修改，整体与原设计非常相似，仅改变了色环上点缀的小色块的位置，这种细微的色彩使用上的差异隐蔽性强，且在珠宝行业内十分普遍，但在实际操作中对于侵权行为的认定较困难。法院运用抽象分离法，采取了对比的方式，对经过分离和排除的两个相似的珠宝首饰设计的实质性部分在组成元素、结构、图案、色彩等方面逐一进行比较，最终根据实质性部分的相似程度做出认定。

法院首先认定首饰的形状属于惯常设计，不属于涉案作品独创性的部分，将不受保护部分予以分离，再以作品中受保护的部分予以比对，从而判定两部作品是否构成实质性相似。二审法院认为：关于首饰形状的区别，因其不属于涉案作品独创

---

[1] 来源 https://baike.so.com/doc/5767376-5980146.html.

[2] 参见许波："著作权保护范围的确定及实质性相似的判断——以历史剧本类文字作品为视角"，载《知识产权》2012年第2期。

性的部分，无需纳入比对范围。至于图案上是否具备螺旋形图案、周围小点的具体排布位置，以及在色彩使用上的差异虽然存在，但考虑到二者均由密致的色段构成反复的色彩排列，每一条色段的颜色均为单一纯色，色环包括深色环以形成间隔，色环不均匀间隔散布有面积较小的色块形成点缀，主色调包含有红、黄、绿，并以深色形成边框，而以上相同的表达形式在涉案作品中因占比作品面积大带来的视觉效果冲击力也更多，同样属于作品独创性的主要组成部分，故法院认定上述差异虽然存在但属于细微差异，且被诉侵权的图案与涉案作品中特有的大部分组合表达方式相同，不足以影响两者构成实质性相似的认定。一、二审法院对于被诉侵权图案与涉案作品在内容上实质性相似的认定结论，比对方式基本一致，二审法院最终驳回众华堂公司、众华堂中心被诉侵权图案与涉案作品并不构成实质相似的上诉理由是完全正确的。

（二）外观设计专利权与实用艺术品著作权之间的关系

1. 定义

实用艺术品著作权在世界知识产权组织编写的《版权与邻接权法律词汇》中被定义为："具有实际用途的艺术作品，无论这件作品是手工艺品还是工业制品。"外观设计专利权是与实用艺术品著作权极为相似的权利，是指对产品的形状、图案或者其结合以及色彩与形状、图案的结合所作出的富有美感并适用于工业应用的新设计。它不仅与工业生产紧密相关，又强调产品外观的美学效果。外观设计专利权不能脱离产品而单独存在，并且能够通过生产过程大量复制生产，适用于工业应用，利用其外观的美感为产品销售带来良好的经济效益。[1]

---

[1] 冉崇高、赵克："著作权与外观设计专利权的竞合与冲突——以实用艺术作品的保护为视角"，载《人民司法》2011年第21期。

著作权和外观设计专利权权利保护客体都包括与图案、设计相关的、有视觉直观感受的内容，权利所有者一方面需要通过广泛的传播获得利益，另一方面也希望避免或禁止他人模仿、剽窃、搭便车等行为，因此容易产生交叉和冲突，尤其是出现在实用艺术作品方面。世界知识产权组织《伯尔尼保护文学和艺术作品公约指南》对实用艺术作品定义为："公约使用这个综合词（实用艺术作品）来泛指小装饰物品、珠宝饰物、金银器具、家具、墙纸、装饰物、服装等制作者的艺术贡献。"只有同时具备了实用性和艺术性两方面特征的作品，才构成实用艺术作品，实用性和艺术性是实用艺术作品的两个最基本特征。本案涉案饰品就符合实用艺术品的基本特征，菲维亚公司主张的就是其依法享有的实用艺术品著作权，而众华堂公司、众华堂中心抗辩的就是其对侵权饰品依法享有的外观设计专利权。

2. 竞合与冲突

外观设计与实用艺术作品竞合与冲突主要表现在装饰品、纺织品、建筑等既能够构成外观设计又能够构成实用艺术作品的情况。外观设计专利权提供的是禁止他人擅自制造外观设计产品的权利，实用艺术作品著作权提供的是禁止他人擅自复制实用艺术作品的权利，但是，因为著作权法原则上对于实用艺术作品可以提供"从平面到立体的复制"的保护，上述保护与外观设计专利权的保护具有一定差别。由于著作权是创作完成时自动获得，因此一般著作权获得在先，外观设计专利权获得在后。另外，外观设计保护期相对较短，在外观设计保护期届满时通常著作权尚未到期。到期外观设计即进入公有领域，社会公众具有自由使用该设计的信赖利益，如果同一设计上还存在尚未到期的实用艺术作品著作权，那么显然破坏了社会公众的这一信赖利益。当著作权与外观设计专利权归于不同民事主体时，著作权与外观设计专利权产生冲突，主要包括外观设计内容全部或主要部分都是他人享有著作权的内容、外观设计内容只有少部分是他人享有著作权的内容、外观设计内容和他人享有著作权的内容相近似三种情形。[1] 此时，尤其是外观设计内容全部或主要部分都是他人享有著作权的内容的情况下，两种不同权利的行使过程中通常会产生冲突。

本案众华堂公司、众华堂中心外观设计专利权的申请日为2012年9月10日，而涉案作品的创作完成日为2009年1月1日，在维也纳首次发表于2009年4月1日，所以外观设计专利权相对于涉案作品的著作权属于在后权利，因此外观设计专利权不能对抗在先的著作权。如果外观设计的全部或主要内容相同或类似于著作权，那么在后申请的外观设计专利就涉嫌侵犯了实用艺术品著作权人的著作权。二审法院对众华堂公司、众华堂中心这一上诉意见的认定是完全正确的。

（三）如何认定与知名商品特有的包装装潢相混淆？

1. 知名商品

《关于禁止仿冒知名商品特有的名称、包装、装潢的不正当竞争行为的若干规定》第3条第1款规定："知名商品是指在市场上有一定知名度，为相关公众所知悉的商品。"通常认为凡是商品长久并广泛行销、使用，在相关领域已广为人知并有较好信誉，树立独特、良好形象的，即为知名商品。知名商品可以理解为商业外观具有来源识别性的商品。知名商品一般都具有一定的品牌效应，品牌效应是知名商品的核心体现，知名商品在一定程度上等同于"名牌商品"。

---

[1] 冉崇高、赵克："著作权与外观设计专利权的竞合与冲突——以实用艺术作品的保护为视角"，载《人民司法》2011年第21期。

2. 特有包装装潢

包装是为了便于携带商品而使用的辅助物或者容器，而装潢是为美化商品而在商品或包装上附加的文字、图案、色彩或者这些东西的排列组合。[1] 从上述定义来看，包装装潢兼具限定性与概括性双重特征。以包装为例，如果仅依据"辅助物和容器"，包装的具体范围似乎漫无边际，但中间又增加包装的"方便携带及储运"等功能限定，从而使得其范围不至于无所不包。这种特有性是指商品包装装潢所具有的"创造性与显著特点"，但此定义并未完全准确揭示特有性之意涵。从"特有"与"通用"的区别出发，通用的包装装潢是指某一领域内已被特定行业普遍使用的包装装潢，而特有包装装潢则是在市场行销中以显著的区别性特征而成为与其他商品区别的标志。

知名商品特有包装装潢的特有性相当于商标法所规定的商标的显著性，主要是指区别商品来源的显著特性。特有性的关键在于其"具有显著区别性"，但其深层次也包含了"非通用性"，而这实际上类似于美国关于商业外观"非功能性"要求。[2] 换言之，某些包装装潢原本不具特有性，但是经过使用之后获得了"显著性"特征或者说是"第二含义"，那么相应的包装装潢可以认定为"特有包装装潢"。概括而言，所谓包装装潢的"特有性"或者说"显著性"实际包括本身具有显著性与本身无显著性经使用产生识别性。[3]

---

[1] 参见王晓晔：《竞争法学》，社会科学文献出版社2007年版，第78页。

[2] 美国商业外观法将具有功能性的因素排除在保护之外，一方面能够确保没有任何生产商能够长期垄断商品的设计或者说构造，另一方面也能防止其较之其他竞争者获得不正当的优势。See Parchomovsky, Gideon, and A. Stein., "Intellectual Property Defenses", *Columbia Law Review*, Vol. 113, Issue 6, October 2013, p. 1507.

[3] 参见袁博："商品外观形状构造获得知名商品特有装潢保护的条件"，载《科技与法律》2012年第3期。

菲维亚公司的涉案饰品其本身独特的设计图案就具有区别于其他商品的显著特征，再加上其悠久的历史、广泛的销售范围和超强的宣传力度，根据《关于审理不正当竞争民事案件应用法律若干问题的解释》确立的知名商品客观认定标准，可以判断涉案饰品在中国境内已具有一定的市场知名度，为相关公众所知悉，应当认定为知名商品。在实践中，认定商品知名并非一件容易的事情。究其根源，在于认定知名商品的具体因素本身具有一定的不确定性，从而使得实际操作难度加大。以知名商品的销售区域、宣传地域范围等体现出的空间性或者地域性为例，由于知名商品一般均具有特定的地域局限性，只能获得其知名度范围内的法律保护，因此在认定知名商品时，需要综合各种具体因素考察其知名度的地域性。

3. "混淆"与"近似"的区别

侵犯知名商品特有包装装潢行为构成要件之一是"混淆"而非"近似"，但在规制此类不正当竞争行为的实践中，却出现了将"混淆"与"近似"混同的情形。正如有学者指出，"二者的辩证关系在于，近似是因，混淆是果"。[1]直接将"混淆"与"近似"相等同，不异于将因果予以等同，属于典型的"因果不分、倒因为果"。根据《关于审理不正当竞争民事案件应用法律若干问题的解释》的规定，我国对于侵犯知名商品特有包装装潢行为认定采用的是混淆可能性标准，并不要求实际上已经发生混淆。当然此处的混淆可能性并非一般可能性，应当是指一种高度可能性，而非低度盖然性。在实践中，混淆可能性的认定一般是从"主要部分和整体印象相近"及"一般购买者施以普通注意力会发生误认"两方面进行着手。如果一般消费

---

[1] 最高人民法院知识产权审判庭编著：《中国知识产权审判案例精选（一）》，知识产权出版社2008年版，第228页。

者能够依靠商标等其他商品标识对不同经营者的商品进行区分，那么即便实际发生了仿冒知名商品特有包装装潢的行为，也不应认定其行为构成市场混淆行为或者仿冒行为，或者依据《反不正当竞争法》的一般条款对此加以规制。

本案一审判决书中陈述："被诉侵权的图案的饰品装潢与菲维亚公司涉案饰品的装潢视觉上基本无差别，构成近似，故被诉侵权饰品中擅自使用与涉案知名饰品近似的装潢，使相关公众将被诉侵权饰品误认为是菲维亚公司的该知名商品或认为其与菲维亚公司有特定关联，已构成不正当竞争行为。"一审法院判断是否引起混淆一般需要对双方商品的包装装潢进行比对，进而初步确认两者的包装装潢是否相近似，但并不能就此止步。判断是否近似，仅仅解决了部分问题，是否引起混淆或者误认还不得而知，需要进一步作出认定。本案一审判决书中对于二者是否构成混淆的论述不够充分，在没有具体分析的情况下直接认定使相关公众造成误认，缺乏说服力。判断侵犯知名商品特有包装装潢等混淆行为，一般是根据"主要部分和整体印象对比"及"一般购买者的普通注意力"等进行综合分析后加以认定。其中商品包装装潢的"主要部分与整体印象"是客观存在的，而"一般购买者的普通注意力"则具有较强的主观性，在案件处理中，如果直接根据司法审判人员的主观性来认定混淆是极为不当的，且有违现行法律规定。这种主观性可以通过引入某些方法加以限缩，例如市场调查法，即在认定一般购买者施以普通注意力是否会发生混淆时，可以借助市场调查的方法，从而为法官作出判断提供较为客观的依据。在实践中，与之相关的还有隔离观察等方法，均可以在一定程度提升混淆认定的客观化水平。

【总体评价】

(一) 事实部分

本案事实清楚,菲维亚公司享有的著作权经过著作权登记且有充分证据证明首次发表作品的时间,被诉侵权产品亦符合接触+实质性相似原则。菲维亚公司认为被诉侵权行为既侵害了涉案著作权,同时,又因擅自使用了与知名商品特有的装潢相近似的装潢而构成不正当竞争行为。即基于同一违法行为,产生两种受不同法律规范调整的法律责任,发生了法律责任竞合,经二审法院释明,菲维亚公司明确请求选择以侵害著作权为由来保护其权利。

(二) 法律适用

本案对于《著作权法》和《最高人民法院关于审理著作权民事纠纷案件适用法律若干问题的解释》的法律适用准确。

(三) 对于赔偿数额的认定,具有典型意义

本案属于典型的法定赔偿。首先法院根据菲维亚公司的经营范围、经营历史以及涉案作品的具体情况肯定了涉案产品的知名度;其次从众华堂公司、众华堂中心被诉侵权规模大、范围广、持续时间长,且主观恶意明显。因众华堂公司、众华堂中心的销售方式为互联网销售,因此侵权销售面广。法院酌定众华堂公司、众华堂中心应向菲维亚公司赔偿经济损失(含制止侵权的合理费用)8万元是合法、适当的。

(四) 二审法院及时准确地处理了本案不正当竞争与著作权侵权竞合的法律关系

反不正当竞争法的作用机制和技术特点对知识产权法律具有直接的补充作用,它通过具体禁止性行为列举与一般性原则条款相结合,兼具具体与抽象,将知识产权法律未曾涵盖的保护客体全部纳入。因此,知识产权法与反不正当竞争法是特别

法与普通法的关系，反不正当竞争法补充保护作用的发挥不得抵触知识产权专门法的立法政策，凡是知识产权专门法已作穷尽性规定的领域，反不正当竞争法原则上不再提供附加保护，但在与知识产权专门法的立法政策相兼容的范围内，仍可以从制止不正当竞争的角度给予保护。本案众华堂公司、众华堂中心通过侵犯菲维亚公司的著作权从而获得不正当竞争优势，导致反不正当竞争请求权与侵犯著作权请求权发生竞合。在一审法院已经一并作出被诉侵权行为既构成侵害著作权又构成不正当竞争侵权的双重评价，且上诉人并未就此认定提出上诉请求的前提下，二审法院根据特别法优先于普通法的法律适用原则，在开庭审理前向原审原告释明，菲维亚公司最终选择以侵害著作权为由来保护其权利。二审法院及时指出一审法院属于认定事实与适用法律错误，并予以纠正，二审法院对本案竞合法律关系的处理及时到位，值得称赞。

【案例规则】

（1）当著作权侵权与不正当竞争行为产生法律责任竞合时，法院应向权利人释明择其一来保护其权利。

（2）著作权必须以某种形式予以表现，美术作品虽附着于首饰形状上，但进行相似性比对时其可以脱离于附着物，独立进行侵权比对。

（3）艺术首饰作品侵权的赔偿数额，应当充分考虑市场占有率、公众认知度及销售范围，根据侵权规模、持续时间长及主观恶意程度等因素予以认定。

第二节 《人在囧途》诉《人再囧途之泰囧》不正当竞争纠纷案

一、案例基本信息

案例类型	仿冒行为　虚假宣传　商业诋毁　不正当竞争　民事案件
案例名称	武汉华旗影视制作有限公司诉北京光线传媒股份有限公司、北京光线影业有限公司、北京影艺通影视文化传媒有限公司、北京真乐道文化传播有限公司和徐峥不正当竞争纠纷案
裁判文书	一审：北京市高级人民法院［2013］高民初字第1236号《民事判决书》 二审：中华人民共和国最高人民法院［2015］民三终字第4号《民事判决书》
合议庭成员	一审：审判长冯穗波、代理审判员谢劲东、人民陪审员黄丹民 二审：审判长夏君丽、审判员骆电、审判员曹刚
一审原告	武汉华旗影视制作有限公司（以下简称"华旗公司"）
一审被告	北京光线传媒股份有限公司（以下简称"光线传媒公司"）、北京光线影业有限公司（以下简称"光线影业公司"）、北京影艺通影视文化传媒有限公司（以下简称"影艺通公司"）、北京真乐道文化传播有限公司（以下简称"真乐道公司"）、徐峥
二审上诉人	光线传媒公司、光线影业公司、影艺通公司、真乐道公司、徐峥
二审被上诉人	华旗公司
受理日期	一审：2013年2月28日 二审：2017年3月3日
裁判日期	一审：2014年1月26日 二审：2017年12月31日

第四章 司法裁判典型案例评析

续表

法律程序	一审、二审
一审判决结果	1. 光线传媒公司、光线影业公司、影艺通公司、真乐道公司、徐峥立即停止涉案不正当竞争行为； 2. 光线传媒公司、光线影业公司、影艺通公司、真乐道公司、徐峥于本判决生效之日起 30 日内在《法制日报》刊登声明，消除影响（声明内容须经一审法院审核，逾期不执行，一审法院将公布判决主要内容，费用由光线传媒公司、光线影业公司、影艺通公司、真乐道公司、徐峥共同负担）； 3. 光线传媒公司、光线影业公司、影艺通公司、真乐道公司、徐峥于本判决生效之日起十日内共同赔偿华旗公司经济损失 500 万元（含华旗公司为本案支出的合理费用 40406.70 元）； 4. 驳回华旗公司的其他诉讼请求。
二审判决结果	驳回上诉，维持原判。
涉案法律法规和解释	一审：1993 年《反不正当竞争法》第 2 条第 1 款、第 3 款[1]，第 5 条第 2 项[2]，第 20 条[3]

---

[1] 1993 年《反不正当竞争法》第 2 条第 1 款："经营者在市场交易中，应当遵循自愿、平等、公平、诚实信用的原则，遵守公认的商业道德。第 3 款：本法所称的经营者，是指从事商品经营或者营利性服务（以下所称商品包括服务）的法人、其他经济组织和个人。"

[2] 1993 年《反不正当竞争法》第 5 条第 2 项："擅自使用知名商品特有的名称、包装、装潢，或者使用与知名商品近似的名称、包装、装潢，造成和他人的知名商品相混淆，使购买者误认为是该知名商品。"

[3] 1993 年《反不正当竞争法》第 20 条："经营者违反本法规定，给被侵害的经营者造成损害的，应当承担损害赔偿责任，被侵害的经营者的损失难以计算的，赔偿额为侵权人在侵权期间因侵权所获得的利润；并应当承担被侵害的经营者因调查该经营者侵害其合法权益的不正当竞争行为所支付的合理费用。被侵害的经营者的合法权益受到不正当竞争行为损害的，可以向人民法院提起诉讼。"

续表

	《侵权责任法》第6条第1款[1]，第8条[2]，第15条[3] 《最高人民法院关于审理不正当竞争民事案件应用法律若干问题的解释》第1条[4]，第4条[5] 二审： 1993年《反不正当竞争法》第2条第2款[6]、第3款，第5条第2项，第20条

---

〔1〕《侵权责任法》第6条第1款："行为人因过错侵害他人民事权益，应当承担侵权责任。"

〔2〕《侵权责任法》第8条："二人以上共同实施侵权行为，造成他人损害的，应当承担连带责任。"

〔3〕《侵权责任法》第15条："承担侵权责任的方式主要有：（一）停止侵害；（二）排除妨碍；（三）消除危险；（四）返还财产；（五）恢复原状；（六）赔偿损失；（七）赔礼道歉；（八）消除影响、恢复名誉。以上承担侵权责任的方式，可以单独适用，也可以合并适用。"

〔4〕《最高人民法院关于审理不正当竞争民事案件应用法律若干问题的解释》第1条："在中国境内具有一定的市场知名度，为相关公众所知悉的商品，应当认定为反不正当竞争法第五条第（二）项规定的'知名商品'。人民法院认定知名商品，应当考虑该商品的销售时间、销售区域、销售额和销售对象，进行任何宣传的持续时间、程度和地域范围，作为知名商品受保护的情况等因素，进行综合判断。原告应当对其商品的市场知名度负举证责任。在不同地域范围内使用相同或者近似的知名商品特有的名称、包装、装潢，在后使用者能够证明其善意使用的，不构成反不正当竞争法第五条第（二）项规定的不正当竞争行为。因后来的经营活动进入相同地域范围而使其商品来源足以产生混淆，在先使用者请求责令在后使用者附加足以区别商品来源的其他标识的，人民法院应当予以支持。"

〔5〕《最高人民法院关于审理不正当竞争民事案件应用法律若干问题的解释》第4条："足以使相关公众对商品的来源产生误认，包括误认为与知名商品的经营者具有许可使用、关联企业关系等特定联系的，应当认定为反不正当竞争法第五条第（二）项规定的'造成和他人的知名商品相混淆，使购买者误认为是该知名商品'。在相同商品上使用相同或者视觉上基本无差别的商品名称、包装、装潢，应当视为足以造成和他人知名商品相混淆。认定与知名商品特有名称、包装、装潢相同或者近似，可以参照商标相同或者近似的判断原则和方法。"

〔6〕1993年《反不正当竞争法》第2条第2款："本法所称的不正当竞争，是指经营者违反本法规定，损害其他经营者的合法权益，扰乱社会经济秩序的行为。"

续表

	《最高人民法院关于审理不正当竞争民事案件应用法律若干问题的解释》第1条，第2条[1]，第4条第1款《民事诉讼法》第170条第1款第1项[2]
裁判要点[3]	1. 不正当竞争行为既可以损害特定竞争者，也可以损害消费者或者社会公众的合法权益，扰乱社会经济秩序，并不以损害特定竞争者且其相互之间具有竞争关系为必要。徐峥在电影上映前后接受了诸多媒体的采访，内容涉及先导预告片的宣传、电影的创作理念等，客观上实施了对电影的宣传行为，属于反不正当竞争法的"经营者"；虽然光线传媒公司并非电影《人再囧途之泰囧》的出品方，但是其作为出品方光线影业公司的关联公司，利用其所掌握的资源对电影的宣传、发行等作出了实质性的贡献。因此，二者均是本案的适格被告。 2. 被告在知晓华旗公司筹拍电影《人在囧途2》的情况下，仍将其电影名称由《泰囧》变更为《人再囧途之泰

---

[1]《最高人民法院关于审理不正当竞争民事案件应用法律若干问题的解释》第2条："具有区别商品来源的显著特征的商品的名称、包装、装潢，应当认定为反不正当竞争法第五条第（二）项规定的'特有的名称、包装、装潢'。有下列情形之一的，人民法院不认定为知名商品特有的名称、包装、装潢：（一）商品的通用名称、图形、型号；（二）仅仅直接表示商品的质量、主要原料、功能、用途、重量、数量及其他特点的商品名称；（三）仅由商品自身的性质产生的形状，为获得技术效果而需有的商品形状以及使商品具有实质性价值的形状；（四）其他缺乏显著特征的商品名称、包装、装潢。前款第（一）、（二）、（四）项规定的情形经过使用取得显著特征的，可以认定为特有的名称、包装、装潢。知名商品特有的名称、包装、装潢中含有本商品的通用名称、图形、型号，或者直接表示商品的质量、主要原料、功能、用途、重量、数量以及其他特点，或者含有地名，他人因客观叙述商品而正当使用的，不构成不正当竞争行为。"

[2]《民事诉讼法》第170条："第二审人民法院对上诉案件，经过审理，按照下列情形，分别处理：（一）原判决、裁定认定事实清楚，适用法律正确的，以判决、裁定方式驳回上诉，维持原判决、裁定；……"

[3] 摘自一审判决：北京市高级人民法院［2013］高民初字第1236号《民事判决书》；二审判决：中华人民共和国最高人民法院［2015］民三终字第4号《民事判决书》。

续表

	囧》,主观攀附华旗公司电影《人在囧途》已有商誉的意图十分明显,同时还多次公开表达《人再囧途之泰囧》是《人在囧途》的"升级版"等观点,造成相关公众对两部电影产生混淆误认。被告不当地利用华旗公司电影《人在囧途》在先获得的商誉,损害了华旗公司基于《人在囧途》的成功所拥有的竞争利益,违反了《反不正当竞争法》第2条第1款、第5条第2项的规定,构成不正当竞争,应当承担相应的民事责任。 3. 在认定电影作品是否属于知名商品时,不应过分强调持续宣传时间、销售时间等,而应当注重考察电影作品投入市场前后的宣传情况、所获得的票房成绩包括制作成本、制作过程与经济收益的关系、相关公众的评价以及是否具有持续的影响力等相关因素综合考察诸多因素等进行综合判断。"人在囧途"经过大量使用、宣传,能够实际上发挥区别商品来源的作用,相关公众能够将此与电影《人在囧途》的作者(或出品方)相联系,属于知名商品的特有名称,应当受到反不正当竞争法的保护。 4. 一般而言,判断是否构成混淆,应当根据一般人的客观标准,根据标志之间的近似程度、受保护标志的市场声誉、使用商品的相关性、实际混淆的证据、商品销售渠道、相关消费者的识别能力,被告使用标志的主观意图等进行综合考量。判断两部电影名称是否构成近似,应当以构成作品名称的文字为主要依据进行判断,而不是作品主要部分、含义和整体效果。 5. 判断商业言论是否属于《反不正当竞争法》第9条第1款规定的情形时,应当比较商业言论自由的权利与消费者获取正确资讯的公共利益,从而避免造成与基本权利欲保护的价值相悖的后果。本案中,单独地审视被告被控言论,不足以导致《反不正当竞争法》第9条第1款所规定的"引人误解"的后果,因此不存在限制被告相关商业言论自由的必要,华旗公司主张被告的相关宣传属于《反不正当竞争法》第9条第1款规定的情形,依据不充分,不予支持。 6. 虽然被告宣称《人再囧途之泰囧》属于《人在囧途》

续表

	的"升级版",但仍属于对两部作品比较之后作出的主观判断,且华旗公司并未举证证明该行为实际损害了其商业信誉或者《人在囧途》电影的商品声誉,因此华旗公司主张被告的行为构成商业诋毁,依据不足,不予支持。 7. 华旗公司主张其索赔的依据主要为被告获利,但是华旗公司所提交的索赔数额方面的证据大多为有关光线传媒公司财务盈利及电影《人再囧途之泰囧》票房收入等,并不能直接证明被告因涉案行为获利的数额,因此法院根据五被告涉案不正当竞争行为的性质、持续时间、影响范围、主观过错程度,酌情确定赔偿数额500万元,华旗公司主张1亿元的赔偿数额过高,不予全额支持。 8. 电影作为反映综合艺术的商品是多方共同参与的结果。光线影业公司、影艺通公司、真乐道公司作为《人再囧途之泰囧》的共同出品方,参与片的创作与摄制,应承担共同的权利和义务;徐峥作为导演和主创人员之一,参与了影片的创作和宣传;光线传媒公司主导了影片的宣传内容和宣传方式。五被告均通过参与影片的商品化活动获得了经济利益,一审法院认定构成共同侵权并承担连带赔偿责任。
案例规则	1.《反不正当竞争法》中的竞争者,并不以主体之间是否具有市场"竞争对手"的竞争关系来判断,也不以损害特定竞争者为必要,不正当竞争行为既可以损害特定竞争者,也可以损害消费者或者社会公众的合法权益,扰乱社会经济秩序。 2. 电影作品如成为文化市场上的商品,关于其名称是否构成知名商品特有名称而受《反不正当竞争法》的保护,主要看该电影名称是否具有识别电影商品来源的作用。 3. 判断两部电影名称是否构成近似,应当以构成作品名称的文字为主要依据进行判断,而不是作品主要部分、含义和整体效果。 4. 电影作品的赔偿数额,应当充分考虑不正当竞争行为的性质、持续时间、影响范围和主观过错程度等因素,不能仅依据被告因涉案行为获利的数额来认定。

二、案例综述

【主要诉请】

华旗公司认为五被告构成共同侵权,请求法院判令五被告停止不正当竞争的侵权行为,在相关的媒体消除影响并赔礼道歉,连带赔偿华旗公司经济损失及诉讼合理开支 1 亿元并承担案件诉讼费。

【基本事实】

(一) 华旗公司主张享有《人在囧途》电影、剧本和音乐的著作权及《人在囧途》拥有的一切知识产权的依据是什么?

《委托创作合同》约定华旗公司享有除编剧署名权外的其他著作权;国家广电总局电影管理局(简称电影局)批复同意故事片《我爱回家》的出品单位变更为华旗公司,变更片名为《人在囧途》;《故事影片 2010 年 10 月上旬备案公示》《摄制电影许可证(单片)》《〈人在囧途〉数字电影片技术合格证》。

法院审查确认的事实:

2009 年 11 月 6 日,中寰晶晖国际传媒(北京)有限公司声明将《我爱回家》(现名《人在囧途》)一切权益转让给华旗公司。2009 年 11 月 28 日,国家广电总局电影管理局(简称电影局)批复中寰晶晖国际传媒(北京)有限公司:同意故事片《我爱回家》的出品单位变更为华旗公司,变更片名为《人在囧途》。

2009 年 12 月 24 日,华旗公司与田羽生签订剧本委托创作合同。合同约定,华旗公司委托田羽生创作《爱回家》(暂定名)电影剧本,华旗公司享有除编剧署名权外的其他著作权。2010 年 5 月 13 日,电影局颁发《〈人在囧途〉电影片公映许可证》，出品单位为华旗公司、北京中映联合影视文化发展有限公司（简称中映联合公司）、湖北省电影发行放映总公司。次日，又颁发了《〈人在囧途〉数字电影片技术合格证》。

(二) 徐峥和光线传媒公司是否为本案适格被告？

不正当竞争行为既可以损害特定竞争者，也可以损害消费者或者社会公众的合法权益，扰乱社会经济秩序，并不以损害特定竞争者且其相互之间具有竞争关系为必要。光线传媒公司和徐峥都对影片进行了一定的宣传和发行工作，都属于从事商品经营或者营利性服务的法人和个人。

法院审查确认的事实：

虽然光线传媒公司并非电影《人再囧途之泰囧》的出品方，但是其作为光线影业公司的关联公司，利用其所掌握的资源对电影的投资、宣传、发行等作出了实质性的贡献，属于反不正当竞争法的"经营者"，是本案的适格被告。尽管徐峥并非电影《人再囧途之泰囧》的出品方，仅为该片的导演、主演，但是其在电影上映前后接受了诸多媒体的采访，内容涉及先导预告片的宣传、电影的创作理念等，客观上实施了对电影的宣传行为，属于反不正当竞争法的"经营者"，是本案的适格被告。

(三) 电影《人在囧途》是否构成知名商品，"人在囧途"是否构成知名商品特有名称？

根据认定知名商品应当考虑的因素：商品的销售时间、销售区域、销售额和销售对象，进行宣传的持续时间、程度和地域范围和作为知名商品受保护的情况等。从电影《人在囧途》的上映档期内的宣传情况以及电影上映档期结束后，电影作品投入市场前后的宣传情况、所获得的票房成绩、相关公众的评价以及是否具有持续的影响力来看，电影《人在囧途》属于《反不正当竞争法》规定的"知名商品"。

"人在囧途"作为作品标题具有一定的独特性。本案中"人在囧途"的独特性恰恰在于"囧"字的利用,且在《人在囧途》上映之后,出现了以类似方式利用"囧"字的作品出现,例如《车在囧途》等。"人在囧途"虽属于描述性词汇,但经过使用已获得"第二含义",具有显著性。"人在囧途"应当属于具有独特性的知名商品特有名称。

法院审查确认的事实:

(1)电影《人在囧途》2010年6月公映后获得了超过3000万的票房成绩,《文汇报》《北京青年报》《北京日报》《南方都市报》、北京电视台、上海电视台、东方卫视等媒体均对此进行了报道。《人民日报(海外版)》等报纸还刊登评论性文章,对于该片以小成本获取大收益进行了分析。2011年,电影《人在囧途》相继获得"电影华表奖"优秀故事片提名、第18届北京大学生电影节"喜剧片创作奖"等荣誉。电影《人再囧途之泰囧》的出品方、制片人及导演徐峥、演员黄渤等在接受采访时也对《人在囧途》的市场知名度予以了认可。即便《人再囧途之泰囧》上映后,很多网友仍对《人在囧途》给予高度评价。因此,可以认定电影《人在囧途》在先具有一定的知名度,属于反不正当竞争法规定的"知名商品"。

(2)电影《人在囧途》上映后获得了较高的票房收入,媒体也给予了广泛报道,相关公众对电影内容高度认可,即使在《人再囧途之泰囧》上映之后,仍有很多网友对《人在囧途》给予高度评价,可见,电影《人在囧途》在相关公众中具备持续的影响力。《人在囧途》已经具有一定的知名度,"人在囧途"经过大量使用、宣传,能够实际上发挥区别商品来源的作用,相关公众能够将此与电影《人在囧途》的作者(或出品方)相联系,属于知名商品的特有名称。

(四) 光线传媒公司、光线影业公司、影艺通公司、真乐道公司和徐峥是否构成不正当竞争行为？

五被告故意变更电影名称为《人再囧途之泰囧》，主观上具有通过使用相近似的电影名称攀附电影《人在囧途》已有商誉的意图，客观上造成了相关公众的混淆误认，损害了华旗公司的竞争利益，属于《反不正当竞争法》第 5 条第 2 项规定的"仿冒知名商品特有名称"的行为，同时，考虑到被告电影《人再囧途之泰囧》与华旗公司电影《人在囧途》属于同类型电影，影片的主要演员基本相同，被告在使用相近似的电影名称基础上，多次公开发表"升级版"等言论，违反了市场经营活动中应该遵循的公平原则、诚实信用原则，违反了《反不正当竞争法》第 2 条第 1 款的规定，构成不正当竞争，应当承担相应的民事责任。

法院审查确认的事实：

《反不正当竞争法》第 5 条第 2 项所规定的"造成和他人的知名商品相混淆，使购买者误认为是该知名商品"是判断是否构成不正当竞争行为的要件之一。这里的"混淆"不仅包括"对商品来源产生的混淆"，还包括"相关公众认为该商品的来源与原告相关商品有特定的联系"，例如认为存在授权、许可或者与原告商品之间存在关联关系等。本案的情况即属于后者。相关公众看到光线影业公司出品的《人再囧途之泰囧》，会误认为在先《人在囧途》也是光线影业公司出品的，或者认为这些都是光线影业公司出品的系列电影，或者认为两部电影之间存在特定关系。这已经不是被告所辩称的简单的基于主演相同而产生的"联想"。电影商品的特殊性决定了第一部电影成功后会形成一定的观众群，其所积累的商业声誉会使得后续作品更容易受到关注，这种竞争利益当然属于第一部电影出品方所有，理应受到反不正当竞争法的保护。本案中，由于相关公众所产生的混淆，使得《人再囧途之泰囧》上映初期就受到了极大的关注，在华旗公司已经着手筹拍《人在囧途2》的情况下，无疑对华旗公司的竞争利益有所损害。

（五）赔偿数额如何认定？

《反不正当竞争法》第20条规定，经营者违反本法规定，给被侵害的经营者造成损害的，应当承担损害赔偿责任，被侵害的经营者的损失难以计算的，赔偿额为侵权人在侵权期间因侵权所获得利润，并应当承担被侵害的经营者因调查该经营者侵害其合法权益的不正当竞争行为所支付的合理费用。本案原告的索赔依据主要为五被告的获利，由于其提交相关证据大多为财务盈利及票房收入，并不能直接证明因涉案行为获利的数额，因此一审法院根据五上诉人涉案不正当竞争行为的性质、持续时间、影响范围、主观过错程度，酌情确定赔偿数额500万元，且在五被告对华旗公司本案合理费用相关票据真实性予以认可的情况下，在500万元内予以全额支持并无不当。

法院审查认定的事实：

华旗公司主张五被告应当共同向其赔偿1亿元，其中含为本案支出的公证费、交通费等合理费用共计40 406.70元。关于合理费用部分，被告虽然对其合理性、关联性提出质疑，但并未提出充分的理由，且对于相关票据的真实性予以认可，因此一审法院对于华旗公司有关合理支出费用部分予以全额支持。华旗公司主张其索赔的依据主要为被告获利，但是华旗公司所提交的索赔数额方面的证据大多为有关光线传媒公司财务盈利及电影《人再囧途之泰囧》票房收入等，并不能直接证明被告因涉案行为获利的数额，因此法院将根据五被告涉案不正当竞争行为的性质、持续时间、影响范围、主观过错程度，酌情确定赔偿数额,华旗公司主张1亿元的赔偿数额过高,不予全额支持。

【案例背景】

(一) 关于电影《人在囧途》

中文名	人在囧途	类　　型	喜剧
外文名	Lost On Journey	主　　演	徐峥,王宝强,左小青,李曼,李小璐
出品时间	2010年	片　　长	88分钟
出品公司	武汉华旗影视制作公司	上映时间	2010年6月4日
发行公司	北京中映联合影视文化发展有限公司、华夏电影发行有限责任公司等	票　　房	3763.5万元人民币
制片地区	中国内地	对白语言	普通话
制片成本	700万	色　　彩	彩色
导　　演	叶伟民	imdb编码	tt1737237
编　　剧	圣堂创作工作室,田羽生,史晨赟,徐元丰	主要奖项	第18届北京大学生电影节喜剧片创作奖
制片人	张添舒	在线播放平台	爱奇艺、乐视网、腾讯视频、电影网

影片以春运为背景,讲述了玩具集团老板李成功(徐峥饰)和讨债的挤奶工牛耿(王宝强饰)前往长沙的旅程故事。

春节将近，玩具集团老板李成功（徐峥）回长沙过年，同时在情人曼妮（李曼）的逼迫下，准备过年后跟老婆（左小青）离婚。结果，在机场遇到前往长沙讨债的"资深"挤奶工牛耿（王宝强）后，霉运不断。命运的捉弄，牛耿一路都与李成功不期而遇。两人路途中囧事不断，也遭遇了各式各样的人和千奇百怪的事情，弄得李成功狼狈不堪，高贵形象荡然无存，牛耿却不以为然乐观积极。为了能够回家，二人结伴而行，他们换了各种交通方式奔波在回家的路上，飞机、火车、大巴、轮渡、搭货车，甚至拖拉机。但是两人还是在荒郊野外度过了大年三十，回首这一路的艰辛，与他们路途中遇到人或事，对两人人生有了很大触动。最终，两人一路经历了从陌生人成为朋友的过程，牛耿的真诚也改变了李成功冷漠的性格，唤起李成功对真情的回归。而当疲惫的李成功回到家时，发现曼妮比他还早到一步，甚至见到了他的妻子，满怀忐忑的李成功回到家看到停留在墙上未撕去的日历，看到其乐融融的妻女与老人。鞭炮响起，李成功与妻子深情相拥，我们知道这一年，李成功回家了，不光是身体，还有心灵。[1]

原告华旗公司诉称其享有《人在囧途》电影、剧本和音乐的著作权，拥有《人在囧途》的一切知识产权。《人在囧途》2010年上映后获得了业界的认可和观众的喜爱，成为知名品牌。此后华旗公司便开始筹备拍摄《人在囧途2》，并为此与田羽生签订了剧本委托创作合同，依约对所创作的剧本享有全部知识产权。2010年9月4日，华旗公司职员王子萱将《人在囧途2》大纲通过电子邮件发给徐峥。同年11月，华旗公司向原国家广播电影电视总局（简称国家广电总局）申报电影《人在囧途2》

---

[1] 来源：https://baike.baidu.com/item/人在囧途；图片来源：http://www.iqiyi.com/lib/m_200027314.html，2019年8月12日截取。

时，发现北京奇天大地影视文化传播有限公司（简称"奇天大地公司"）申报了《人在囧城》，编剧署名为徐峥、杨庆。华旗公司对此提出异议，国家广电总局随后向湖北省广播电影电视局发函，决定对两个项目暂不公示。后奇天大地公司作出了撤销立项的声明。2011年5月，华旗公司申报的《人在囧途2》电影经审核通过，获得了摄制电影许可证。

（二）关于电影《人再囧途之泰囧》

中文名	《人再囧途之泰囧》	片　　长	105分钟
外文名	《Lost In Thailand》	上映时间	2012年12月12日
其他译名	泰囧、人在囧途2	票　　房	12.67亿元
出品时间	2012年	对白语言	普通话、泰语、英语
出品公司	北京光线影业有限公司	色　　彩	彩色
发行公司	北京光线影业有限公司	imdb编码	tt2459022
制片地区	中国大陆	主要奖项	2012年中国电影发展奖票房推动力奖 第七届亚洲电影大奖2012年票房最高奖
拍摄地点	泰国	在线播放平台	爱奇艺/乐视网
导　　演	徐峥	监　　制	徐峥、邝文伟、陈志良

续表

中文名	《人再囧途之泰囧》	片　　长	105分钟
编　　剧	徐峥、束焕、丁丁	出品人	王长田、李晓萍、于宇昂
制片人	陈祉希、徐林	影院观影人次	3900万
类　　型	喜剧、剧情、冒险	文学监制	陈翘楚、华隆、元灵
主　　演	徐峥、王宝强、黄渤、范冰冰、陶虹、谢楠		

影片讲述了徐朗、高博、王宝三人跨出国门远赴泰国，一路遭遇"敌人"狙击，上演泰国冒险传奇的故事。

商业成功人士徐朗（徐峥饰）用了五年时间发明了一种叫"油霸"的神奇产品——每次汽车加油只需加到三分之二，再滴入2滴"油霸"，油箱的汽油就会变成满满一箱。徐朗的同学兼商业竞争对手高博（黄渤饰）想把这个发明一次性卖给法国人，但徐朗坚决不同意，他希望深入开发研究，把"油霸"发扬光大，得到更远的收益。两个人各抒己见，争论不休，一直无果。由于两人股份相同，唯有得到公司最大股东周扬的授权书，方可达到各自目的。当得知周扬在泰国后，徐朗立刻启程寻找，而高博获悉后将一枚跟踪器放在徐朗身上一起去了泰国。飞机上，徐朗遇到了王宝（王宝强饰），别有心机地想利用他来摆脱对手高博的追赶，可他不仅没甩掉王宝，还成了他的"贴身保姆"。究竟徐朗和高博谁会最终拿到周扬的授权书，而三个各怀目的的人，又将带来一段如何爆笑的泰国神奇之旅。[1]

2012年8月9日，北京市广播电影电视局作出批复，同意光线影业公司电影《泰囧》片名变更为《人再囧途之泰囧》。根据《〈人再囧途之泰囧〉电影片公映许可证》，该片出品单位为光线影业公司、影艺通公司、真乐道公司、黄渤（上海）影视文化工作室。电影《人再囧途之泰囧》于2012年12月公映，电影片头显示：光线影业公司、影艺通公司、真乐道公司、黄渤工作室出品；出品人为王长田、李晓萍；制片人为陈祉希、徐林；领衔主演为徐峥、王宝强、黄渤，"徐峥电影作品"。

（三）著名导演、演员徐峥

徐峥，1972年4月18日出生于上海，中国内地男演员、导演。1994年毕业于上海戏剧学院。1998年出演话剧《股票的颜色》获得第十届白玉兰戏剧奖最佳男主角奖。2000年凭借古装剧《春光灿烂猪八戒》中猪八戒一角走红；2002年，主演古装剧《李卫当官》。2007年主演贺岁喜剧电影《爱情呼叫转移》。2010年主演电影《人在囧途》。2012年，导演处女作《泰囧》以上映5天票房突破3亿刷新华语片首周票房纪录，以总票房12.69亿夺得亚洲电影大奖"亚洲最高票房"。2013年，主演的电影《无人区》入围第64届柏林国际电影节主竞赛单元影片。2014年，主演的电影《心花路放》票房突破11亿。2015年，自导自演的喜剧片《港囧》票房突破16亿。2016年2月8日，监制的动画电影《年兽大作战》全国上映。2018年，凭借《我不是药神》获得第55届金马奖最佳男主角奖。[2]

---

[1] 来源：https://baike.baidu.com/item/人再囧途之泰囧；图片来源：https://baike.sogou.com/v56299217.htm?fromTitle=人再囧途之泰囧，2019年8月12日截取。

[2] 来源：https://baike.baidu.com/item/徐峥；图片来源：https://baike.sogou.com/v141646.htm?fromTitle=徐峥，2019年8月12日截取。

尽管徐峥并非电影《人再囧途之泰囧》的出品方，仅为该片的导演、主演，但是其在电影上映前后接受了诸多媒体的采访，内容涉及先导预告片的宣传、电影的创作理念等，客观上实施了对电影的宣传行为，属于反不正当竞争法的"经营者"，是本案的适格被告。

三、案例评析

【名词解释】

（一）知名商品

"知名"在现代汉语词典中的解释为著名、出名、世人知道其声名等含义。而知名商品则是一个法律概念，在《反不正当竞争法》中可以看到这个名词。《保护工业产权巴黎公约》第10条之二（不正当竞争）中并没有明文规定商品的知名性是其能得到公约保护的构成条件，只是要求各个成员国自行规定。日本近年修订的《反不正当竞争法》第1条规定不得对他人的商业标识进行相同或者近似的使用，以致与知名商品发生混同，对此我们可以知道日本法律对于想要获得法律保护的各种商业标识设置了一个门槛：即要有一定的知名度。问起人们对知名商品的看法，有的人将其理解为名牌商品，而有的人又将其解释为获奖商品，或者是经过认证机构认证过的商品，这些显然都不符合我国《反不正当竞争法》提出的知名商品的概念。[1]我国《反不正当竞争法》也未对知名商品的概念做出界定，但是规定了知名商品的保护范围包括商品名称、包装、装潢、企业名称（包括简称、字号等）、社会组织名称（包括简称等）、姓名（包括笔名、艺名、译名等）、域名主体部分、网

---

〔1〕 章燕："论知名商品的法律保护"，南昌大学2013年硕士学位论文，第2页。

站名称、网页等。1995年原国家工商行政管理总局《关于禁止仿冒知名商品特有的名称、包装、装潢的不正当竞争行为的若干规定》（以下称《禁止仿冒若干规定》）遵循《反不正当竞争法》的宗旨中规定，知名商品是"在市场上具有一定知名度、为相关公众所知悉的商品"。即知名商品是要在相关公众中具有一定的知名度。

本案电影《人在囧途》在投入市场前后做了大量的宣传，公映后获得了超过3000万的票房成绩，各大媒体均对该影片进行了不同程度的宣传报道。随即，电影《人在囧途》相继获得"电影华表奖"优秀故事片提名、第18届北京大学生电影节"喜剧片创作奖"等荣誉，相关公众的影评极高，该影片在观众心目中具有一定的持续影响力。因此，电影《人在囧途》在先具有一定的知名度，属于反不正当竞争法规定的"知名商品"。

（二）知名商品特有名称

商品名称是指为了区分于其他商品而对自己使用的商品所作出的一种称呼，一般可以分为通用名称和知名商品特有名称。商品通用名称只能表示商品所属类别，是表示某类商品区分于另一类商品的普通称呼，其没有任何的专有性，任何人（包括自然人和组织）都可以自由使用。而知名商品的特有名称是指从业者在日常活动中所采用的，为了表示自身商品特殊性的名称，该名称是知名商品所独占的与通用名称截然不同的商品名称。[1]

我国《反不正当竞争法》引入了知名商品特有名称的概念，但并没有直接规定其含义。但在《禁止仿冒若干规定》第3条

---

[1] 郑永强："知名商品特有名称、装潢的认定及保护"，兰州大学2016年硕士学位论文，第17页。

第3款认为名称是知名商品所独有的名称,并且不属于通用名称,但是如果该名称已经作为商标予以注册则除外。同时,该条第2款认为"特有"是指非通用和显著区别性。在《不正当竞争若干解释》第2条认为商品的名称、装潢具有显著的特点,能识别商品的来源,即可以认定其符合《反不正当竞争法》有关特有名称、装潢的规定。

我们保护的特有名称必须应用于知名商品之上,首先,本案电影《人在囧途》属于知名商品,"人在囧途"作为作品标题具有一定的独特性。其次,"人在囧途"虽属于描述性词汇,但经过使用已获得"第二含义",具有显著性。"囧"本身有尴尬之义,"人在囧途"作为作品名称,反映了作品类型和作品的主要内容。因此,"人在囧途"应当作为知名商品特有名称,受到《反不正当竞争法》的保护。

(三)《反不正当竞争法》意义上的"经营者"

经营者是指从事商品经营或者营利性服务的法人、其他经济组织和个人。经营者是向消费者提供其生产、销售的商品或者提供服务的公民、法人或者其他经济组织,它是以营利为目的从事生产经营活动并与消费者相对应的另一方当事人。[1]《反不正当竞争法》第2条第3款规定:"本法所称的经营者,是指从事商品生产、经营或者提供服务(以下所称商品包括服务)的自然人、法人和非法人组织。""经营者"这一概念就是类型化技术的产物,因为只有经营者才可能为了市场利益而从事不正当竞争,也只有经营者才可能受到他人不正当竞争行为的影响而遭受市场利益的损害。因此,以经济法的视野界定竞争法意义上的经营者,最符合《反不正当竞争法》的立法宗

---

〔1〕 来源 http://baike.so.com/doc/6024096-6237093.html.

旨与调整对象。该法所称的经营者，不应当以商法意义上的营利性为构成要件。

本案被告光线传媒公司和徐峥均参与了涉案影片的投资、宣传和发行工作，符合我国《反不正当竞争法》规定的为商品提供服务的法人和自然人，属于《反不正当竞争法》意义上的"经营者"，是本案适格被告。

（四）《反不正当竞争法》意义上的"虚假宣传"

虚假宣传是指在商业活动中经营者利用广告或其他方法对商品或者服务做出与实际内容不相符的虚假信息，导致客户或消费者误解的行为。[1]《反不正当竞争法》第8条规定："经营者不得对其商品的性能、功能、质量、销售状况、用户评价、曾获荣誉等作虚假或者引人误解的商业宣传，欺骗、误导消费者。经营者不得通过组织虚假交易等方式，帮助其他经营者进行虚假或者引人误解的商业宣传。"《反不正当竞争法》中规定的虚假宣传以是否引人误解为判断标准，如果消费者对经营者的不实陈述没有发生误导（包括误导的可能性），则不构成反不正当竞争法意义上的虚假宣传。因为只有引人误解，才会影响消费者的判断，进而影响公平竞争的秩序和经营者及消费者的合法权益。在对"引人误解"进行解释时，还应当科以程度的要求，即引人误解需达到影响交易相对人购买决策的程度。[2]《反不正当竞争法》对于虚假宣传行为本身的认定并不以实际损害为要件，而虚假宣传民事责任的构成一般以实际造成损害为必要。

本案中原告主张的虚假宣传证据均为媒体视角，属于消费

---

[1] 来源 http://baike.so.com/doc/6112149-6325285.html.

[2] 吴佩乘："虚假宣传制度的立法反思与规则再造——兼评《反不正当竞争法》第8条"，载《研究生法学》2017年第4期。

者获取正确资讯的公共利益范畴,该商业言论不足以引人误解,也并未给原告造成实际损害,因此不能构成《反不正当竞争法》意义上的"虚假宣传"。

(五)商业诋毁

商业诋毁又称商业毁谤、商业诽谤,是指市场中的从事生产经营活动的竞争者针对同类竞争对手进行损害其商业信誉的行为或者故意捏造虚假事实,采取误导宣传的手段使竞争对手商誉受损,影响其正常交易,达到谋取自己不正当利益的行为。商业信誉的载体很广泛,包括商业标记和商品等,商品声誉属于商业信誉的一部分。[1] 商业毁谤行为在传统民法上属于侵权行为,在反不正当竞争法上属于不正当竞争行为。我国现行《反不正当竞争法》第11条规定:"经营者不得编造、传播虚假信息或者误导性信息,损害竞争对手的商业信誉、商品声誉。"据此构成商业诋毁的法律要件有:①行为主体必须具有经营者的身份;②行为的客观内容表现为捏造并散布虚伪事实。③行为主体存在主观故意或过失。④行为客体即受害人需具备商业损失或商业利益受到侵害。

本案中被告宣称《人再囧途之泰囧》属于《人在囧途》的"升级版",属于对两部作品比较之后作出的主观判断,并未实际损害华旗公司的商业信誉或者《人在囧途》电影的商品声誉,因此被告的行为不构成商业诋毁。

【焦点评析】

(一)电影作品名称是否构成知名商品特有名称?

作品名称即作品标题,是指标明作品内容的简短语句或词句组合,作品名称是作品的高度概括,体现了作者思想和作品

---

〔1〕 张玮韧:"网络不正当竞争中商业诋毁行为及其法律规制",南昌大学2014年硕士学位论文,第8页。

的精髓。[1] 尤其是电影作品的名称具有一定的标识功能，在互联网时代，口碑营销常会使好的作品传播呈现指数级增长，鲜活的作品名称可以避免作品与其他作品混淆，利于传播。电影名称有两项功能，即对内功能和对外功能，对内电影名称高度概括电影主题内容，能够表现电影的特点，是一部电影的"引子"，起到类似商标的作用，观众可以通过电影名称简洁直观的了解电影的内涵，减少观众寻找的成本，生动、有趣的电影名称，可以吸引观众走进影院。因此，电影名称包含创作者的创作性劳动。对外电影名称具有标识和传播功能，用以区别其他不同的电影，避免混淆，利于传播，是观众认识和记忆电影的对象。观众对一部电影的认知很少通过电影的制片方或者是投资方，一般都是通过电影名称，因此电影名称是电影传播的主要途径。[2]

电影名称的创作是一种无形劳动，是将零散的标示或符号按照一定规律与规则加以排列，形成特殊意义的组合。当考虑"特有名称"时需要考虑片名本身显著性程度如何，显著性程度较高、具有强烈区别性和辨识度的商品名称可认定为"特有名称"。虽然被告主张"人在囧途"套用了在先电视剧《人在旅途》的表达方式，且"囧"为网络流行字，在电影《囧男孩》中早有使用，但是不可否认，本案中"人在囧途"的独特性恰恰在于"囧"字的利用，且在《人在囧途》上映之后，出现了以类似方式利用"囧"字的作品出现，例如《车在囧途》等。相比电影《人在旅途》，结合本意为"光明"的囧字，可能会使观众联想到人走在"光明大道"上。但"囧"字自年来在网络论坛、贴吧、聊天室等演化为"郁闷""悲伤""无奈"后，

---

[1] 来源 https://zhidao.baidu.com/question/988673397001143859.html.
[2] 杨妍："浅析电影名称的法律保护"，载《中国电影市场》2017年第7期。

结合"人在途"组成文字组合体,以电影名称的方式呈现出来,获得广泛的喜爱和好评。由此可见,该名称体现出了一定的创造性和独特性,是一种创新性的智力劳动成果,增加了作品的文化价值,应当受到法律保护。

而《人在囧途》片名是否特有,则是一个不断发展的市场过程,应当结合市场上相关主题在特定的时间空间范围内对该片的认知程度来确定。在此前并没有任何一部电影名为"人在囧途"的前提下,随着市场发展,该片以极少投资获得较大票房,可以构成知名商品特有名称。

(二)《人在囧途》是否属于知名商品?

电影《人在囧途》是商品已毋庸置疑,认定某商品在合理界定的相关市场上是否具有较高的知名度,是否为相关的购买人和竞争对手所知悉,考量该商品的销售时间、程度和地域范围是认定是否构成知名商品的积极标准。如影片的宣传程度、票房成绩、目标观众人数、观众评价等。虽然从以上几方面来看,电影《人在囧途》难以与《泰囧》相匹敌,但在当年对于一部小成本国产影片来说,2010年上映,首周破千万元、总票房约5000万元人民币的票房成绩,并获得第二届中国影协杯优秀电影剧本大奖等诸多奖项也是十分傲人的,无论观众还是专业影评人都给予了高度的评价,并且《人在囧途》的成功奠定了之前在业界名不见经传的华旗影视公司和制片人在影视界的地位。这些足以说明《人在囧途》已成为响当当的知名商品,对影迷这一相关公众来说,认定为"知名商品"当无问题。

(三)如何认定与电影类知名商品相混淆?

《最高人民法院关于审理不正当竞争民事案件应用法律若干问题的解释》第4条第1款规定:"足以使相关公众对商品的来

源产生误认，包括误认为与知名商品的经营者具有许可使用、关联企业关系等特定联系的，应当认定为反不正当竞争法第五条第（一）项规定的'造成和他人的知名商品相混淆，使购买者误认为是该知名商品'。"判断擅自使用他人知名商品特有的名称是否足以引起误认，其标准应当以一般购买者作为考察主体；应当以一般购买者在施以普通注意力的情况下是否会发生误认为准；应当观察有关商标的整体形象和主要部分。此外，还应结合有关商品的特点、价格、知名度等因素进行综合评价。本案涉案影片名称《人再囧途之泰囧》可以分为两部分：人再囧途和泰囧。"人再囧途"与"人在囧途"构成相似，"再"字应为"又在"的意思。"人再囧途"让人认为其为一个系列剧，泰囧是该系列剧中的一部。并且囧字是两个影片名称的核心，将几个名字内在的联系在了一起，据不完全调查，十之八九的观众直到本诉讼发生前都认为后者是前者的续集，且来源于同一制作公司，所以足以使相关公众将两者混淆。

被告在全国各地的宣传、广告中一再使用作品《人在囧途》特有的电影名称"人在囧途"，仅将片名改了一个字，将"在"换成了"再"，表达的意思就是"再一次"，令观众产生"《泰囧》是《人在囧途》升级版、第二部、续集"等联想。该案最开始由《人在囧途》引向《人再囧途之泰囧》，具有搭便车的故意，这之中包括使用名称、进行广告宣传等，但到后期，从正向混淆逐渐演变成双向混淆，最后引起反向混淆。

光线传媒在进行《泰囧》宣传时发表了一系列言论，如光线传媒总裁王长田曾提到"因有前面的一个品牌，故光线传媒选择投资"，"很多人期待《人在囧途》第三部、第四部，我想肯定会做下去"。在宣传片中有数个片段都有"搭便车"的嫌疑，如《泰囧》的一个预告片，开头写出："曾经狭路相逢，注定续写悲催。喜剧王牌组合徐峥、王宝强……"然后写出"人在囧途"并快速把"在"换成了"再"……这些行为都表明《泰囧》在往《人在囧途》上贴靠。而这样做的结果导致了消费者的混淆并扰乱了市场。《泰囧》成功后,传媒的各个行业甚至营销业都对这一影片的成功进行了各个角度的分析。"2010年,一部《人在囧途》以纯自然生活化的表演给观众留下了深刻的印象……两年后,万众期待的《人在囧途》之升级版《人再囧途之泰囧》……"一份杂志在对徐峥的专访中这样写到。由此我们可以看出在相当一部分观众心目中,《人再囧途之泰囧》与《人在囧途》之间是有千丝万缕的联系的,这种联系对于观众走进电影院观看《人再囧途之泰囧》不能说毫无影响。虽然《人再囧途之泰囧》的票房远远超过了《人在囧途》,但这并不能影响最初前者有意地"搭便车"行为,并且这种行为获得了料想中的效果。笔者有理由认为,光线传媒的这些宣传方法属于违反诚实信用原则的行为,属于《反不正当竞争法》第二条的调整范围。

(四)本案赔偿数额的认定标准是否合理?

首先,两部影片档期相距近两年半之久,非同期上映,虽然后者取得12.6亿元的票房收入,但并非通过分流前者的观影市场取得,因此,仍很难界定《人再囧途之泰囧》的成功给《人在囧途》造成了多大的损失,这是文化产品和其他有形产品最大的不同之处。其次,即便后者确实存在搭前者"便车"的嫌疑,但《泰囧》的巨大成功反而在某种程度上使前者《人在囧途》因之获益,使部分消费者在看过《泰囧》之后才去看《人在囧途》。

我国现行《反不正当竞争法》第17条规定,因不正当竞争行为受到损害的经营者的赔偿数额,按照其因被侵权所受到的实际损失确定；实际损失难以计算的，按照侵权人因侵权所获得的利益确定。经营者违反本法第6条、第9条规定，权利人因被侵权所受到的实际损失、侵权人因侵权所获得的利益难以确定的，由人民法院根据侵权行为的情节判决给予权利人500万元以下的赔偿。"因侵权所获利益"如何具体确定？观众走进电影院受《人在囧途》印象的推动占多大比例？超过12亿的票房中有多少是因为"搭便车"而获得的呢？这些问题的答案无法明确界定。"被侵权人所受到的损失"又有多少？表面看来，《人再囧途之泰囧》的票房完全没有分流《人在囧途》票房的成分，因为后者早已下线。[1] 对于上映日期相距近两年半的两部电影来说，后者给《人在囧途》造成多少实际损失？造成的损失是如何体现的？甚至两部影片从开始的正向混淆逐渐到后期的反向混淆过程中，《人在囧途》制片方是否因《人再囧途之泰囧》的巨大成功而在某种程度上获益？这些都需要证据予以支持。

本案在原告除票房纪录外，没有其他相关证据予以佐证的前提下依据《反不正当竞争法》第17条的规定，判决五被告向原告支付500万元的经济损失，适用了法定赔偿额的上限。

【总体评价】

（一）事实部分

本案事实清楚，本案对于《人再囧途之泰囧》使用了与《人在囧途》相同或相似的知名商品特有名称，从而导致相关公众混淆的事实具有充分的证据证明。

（二）法律适用

本案对于《反不正当竞争法》《侵权责任法》和《最高人民

---

[1] 闫茹冰、靳晓龙："论影视作品著作权侵权和不正当竞争的认定——《泰囧》侵权案的法律分析"，载《法制与社会》2013年第4期。

法院关于审理不正当竞争民事案件应用法律若干问题的解释》的法律适用准确。

(三) 对于赔偿数额的认定，具有典型意义

本案适用了法定赔偿的上限，具有典型意义。首先，法院根据电影《人在囧途》上映档期内的宣传情况以及电影上映档期结束后，电影作品投入市场前后的宣传情况、所获得的票房成绩、相关公众的评价、是否具有持续的影响力和涉案产品的知名度认定了电影《人在囧途》属于知名商品；其次，认定了"人在囧途"经过大量使用、宣传，能够实际上发挥区别商品来源的作用，相关公众能够将此与电影《人在囧途》的作者（或出品方）相联系，"人在囧途"属于知名商品的特有名称。

因五被告搭便车的不正当竞争侵权行为明显属于恶意，且《人再囧途之泰囧》的公映方式为互联网和各大院线，因此侵权影响面广，让消费者产生了明显的误认。法院按照不正当竞争侵权法定赔偿的上限判令五被告向华旗公司共同赔偿经济损失（含制止侵权的合理费用 40 406.70 元）500 万元是合法、适当的。

【案例规则】

(1)《反不正当竞争法》第 2 条第 1 款规定，经营者在市场交易中，应当遵循自愿、平等、公平、诚实信用的原则，遵守公认的商业道德。该条多被认为是《反不正当竞争法》的一般条款，亦曾在司法实践中适用来维护市场公平竞争秩序。虽然对于适用该一般性条款，应严格把握条件，以避免不适当干预而阻碍市场自由竞争，但该条的原则规定与具体条款的适用并无冲突。

(2) 判断是否构成混淆误认，应当根据相关公众的一般认

识，综合考虑所涉及电影名称之间的近似程度、主张保护名称的市场声誉、使用商品的相关性、商品销售渠道、使用名称的主观意图等进行综合考量。

（3）电影作品的赔偿数额，应当充分考虑侵权的性质、持续时间、影响范围、主观过错程度等因素予以认定，票房收入并不能直接证明因涉案行为获利的数额。

第三节　网络通信有限公司诉在线软件有限公司技术合同纠纷案

一、案例基本信息

案例类型	委托开发合同　技术合同　民事案件
案例名称	北京中通网络通信有限公司诉北京安博在线软件有限公司技术合同纠纷案
裁判文书	一审：北京市海淀区人民法院［2013］海民初字第22628号《民事判决书》。 二审：北京市第一中级人民法院［2014］一中民终字第3087号《民事判决书》。
合议庭成员	二审：审判长彭文毅；代理审理员邓卓；代理审判员李茜
一审原告	北京中通网络通信有限公司（以下简称"中通公司"）
一审被告	北京安博在线软件有限公司（以下简称"安博公司"）
二审上诉人	安博公司
二审被上诉人	中通公司

续表

受理日期	二审：2014 年 3 月 5 日
裁判日期	一审：2013 年 12 月 19 日 二审：2014 年 4 月 16 日
审理程序	一审、二审
一审判决结果	1. 本判决生效之日起 7 日内，安博公司给付中通公司合同首付款 159 000 元； 2. 本判决生效之日起 7 日内，安博公司给付中通公司违约金 27 500 元； 3. 驳回中通公司的其他诉讼请求。
二审判决结果	驳回上诉，维持原判。
适用法律	《合同法》第 109 条〔1〕、第 114 条〔2〕第 1 款。 《民事诉讼法》第 170 条〔3〕第一款。

---

〔1〕《合同法》第 109 条："当事人一方未支付价款或者报酬的，对方可以要求其支付价款或者报酬。"

〔2〕《合同法》第 114 条第 1 款："当事人可以约定一方违约时应当根据违约情况向对方支付一定数额的违约金，也可以约定因违约产生的损失赔偿额的计算方法。"

〔3〕《民事诉讼法》第 170 条："第二审人民法院对上诉案件，经过审理，按照下列情形，分别处理：

（一）原判决、裁定认定事实清楚，适用法律正确的，以判决、裁定方式驳回上诉，维持原判决、裁定；

（二）原判决、裁定认定事实错误或者适用法律错误的，以判决、裁定方式依法改判、撤销或者变更；

（三）原判决认定基本事实不清的，裁定撤销原判决，发回原审人民法院重审，或者查清事实后改判；

（四）原判决遗漏当事人或者违法缺席判决等严重违反法定程序的，裁定撤销原判决，发回原审人民法院重审。

原审人民法院对发回重审的案件作出判决后，当事人提起上诉的，第二审人民法院不得再次发回重审。"

续表

裁判要点	1. 技术合同的归责原则，应采用严格责任原则，在严格责任下，并非表示债务人就其债务不履行行为所生之损害在任何情况下均应负责，债务人可以依法律规定提出特定之抗辩或免责事由（例如不可抗力、第三人过错、债权人过错等）。 2. 技术合同纠纷案件中，主张合同权利发生的当事人对产生合同权利的法律要件事实负有举证责任；主张已产生的合同权利变更或消灭的当事人对阻碍、变更或消灭合同权利的法律要件事实负有举证责任。负有举证责任的当事人不能证明自己的主张的，应承担不利后果。

二、案件综述

【主要诉请】

中通公司请求法院判令：（1）安博公司支付中通公司合同首付款 159 000 元；（2）判令安博公司支付中通公司合同余款 106 000 元；（3）安博公司支付逾期付款的违约金 26 500 元；（4）安博公司承担诉讼费用。

【基本事实】

1. 中通公司与安博公司于 2012 年 3 月 1 日签订了《安博教育集团风语者智能管理平台 CRM 系统合同书》（下文简称"合同"）。

法院审查认定的事实：

双方签订的合同及其附件体现了双方的真实意思表示，依法成立，应属有效，双方均应按照合同约定履行自己的义务。

2. 合同约定：中通公司向安博公司提供风语者智能管理平台客户关系管理（CRM）系统，并与安博公司现有系统进行对接，总价 265 000 元人民币，安博公司应于合同生效之日起 20

个工作日支付首付款 159 000 元人民币，系统上线并经安博公司验收合格后 20 个工作日内支付尾款 106 000 元人民币，安博公司付款前提为安博公司收到中通公司开具的等额发票。双方在合同第八（2.1）条约定"如甲方未能按照合同约定的期限付款，每延期 1 天，甲方应向乙方支付合同总价的 0.1% 作为违约金，但是违约金的总额不得超过合同总价的 10%。"合同第八（2.3）条约定，如因甲方财务预算，上级行政与决策等原因取消已经进行的项目，乙方有权要求甲方按合同要求支付余款。

合同附件三《安博教育 CRM 项目实施规划》中列出了 7 个阶段：理念导入、业务梳理、流程固化、系统部署、应用培训、系统试运行、系统上线。每个阶段列出了步骤、风语者实施内容、安博教育配合内容、目标成果、实施周期，其中流程固化的步骤分为方案设计、流程模拟，安博教育配合内容包括对风语者实施顾问提出的解决方案进行沟通和确认，安排其他信息系统技术人员进行沟通，就模拟系统构建进行沟通，确认解决方案和流程设计。目标成果是实现方案设计。

3. 中通公司在合同正式签订前，已提前介入开始履行合同所约定的工作，建立了项目团队，完成了咨询实施工作，进行了接口开发的部分工作，合同签订时，中通公司与安博公司将中通公司已完成的咨询实施工作成果《安博教育 CRM 应用规划建议书》作为合同附件共同盖章确认，同时将中通公司已完成的接口开发部分《安博教育 CRM 应用数据整合方案》作为合同附件共同盖章确认。合同签订后，中通公司根据合同约定及双方共同确认的方案完成了对软件的针对性开发，并向某集团客户服务中心提供并安装了 CRM 系统进行试用。中通公司已于 2012 年 5 月 7 日按约定开具了首付款发票，但安博公司未支付相应款项。

法院审查认定的事实：

首先，双方均认可中通公司开具了发票，且安博公司未按约定支付合同首付款。其次，中通公司主张该公司已履行了部分合同义务，即完成了涉案项目的理念导入、业务梳理、流程固化三个阶段。本案中，安博公司认可签订的合同已包含了方案设计，中通公司实施了理念导入等工作，且中通公司已向安博公司提供了涉案系统的测试版本，但表示因该公司需求变化等原因导致解决方案未最终确定。法院认为，中通公司已经履行了相关义务，安博公司如认为中通公司的履行不符合要求，应提交相关证据，否则应承担相应的举证责任。

4. 安博公司表示已收到上述发票，但中通公司已要求将该发票退回，合同已解除。经询问，中通公司表示为了避免产生税费，确实要求安博公司退回发票，并不是要求解除合同，并且安博公司一直没有退票。安博公司表示不清楚发票是否退回，亦未提交涉案发票已退回的证据。

法院审查认定的事实：

在合同纠纷案件中，主张合同关系解除的一方当事人应承担举证责任，对合同是否履行发生争议的，由负有履行义务的当事人承担举证责任。本案中，安博公司以中通公司要求退回发票为由要求确认双方已协商一致解除合同，中通公司不予认可，且该公司未提交证据证明已将发票退回，故对其主张，法院不予采信。

5. 中通公司表示未完成余下阶段的工作，该公司主张未完成相关工作的原因是安博公司拒不配合。

法院审查认定的事实：

中通公司虽曾发函要求继续履行，且安博公司存在着机构变更等情形，但中通公司在本案中未提交证据证明该公司已为履行义务完成了所有准备工作,故对中通公司该项主张,法院不予支持。

6. 中通公司主张已按合同履行了义务,要求安博公司支付全部合同款项,并支付违约金。

法院认定的事实:

中通公司要求安博公司支付全部合同款项,理由是安博公司取消涉案项目,但未提交充足有效证据。该公司提交了电话录音,但未证明录音中的谈话人有权代表安博公司,且该录音并未出现安博公司取消涉案项目的内容,故法院对中通公司的该项主张不予支持。

【案例背景】

CRM 是客户关系管理(Customer Relationship Management)的简称,是一种以客户为中心的现代管理思想,CRM 在国外的发展已有十余年的历史。CRM 软件综合集成了数据库与数据仓库技术、数据挖掘技术、在线分析处理、Internet 技术、面向对象技术、客户机/服务器体系、销售自动化技术以及其他相关技术成果,能够为企业的销售、客户服务和决策支持等领域提供一个业务自动化的解决方案,使企业具有一个面向客户的前台。[1]

利用 CRM 软件中蕴含的管理思想、流程和方法来为企业进行管理规划,将通用的 CRM 管理软件按照企业特点进行个性化应用,是一个协助企业从现有管理模式逐步接近,最后达到目标模式的过程。在实施过程中,咨询顾问将详细了解企业的运营、管理状况,企业管理者也将更深入地理解 CRM 软件中包含的管理思想、流程和规范,在此基础上共同确立适应企业本身特点的 CRM 应用模式,并将之固化于软件之中。

---

[1] 张国方、金国栋:"CRM(客户关系管理)的应用与理论研究综述",载《科技进步与对策》2003 年第 3 期。

本案安博公司认可签订的合同中的方案设计即为CRM软件的应用，中通公司主张该公司已履行了部分合同义务，即完成了涉案项目的理念导入、业务梳理、流程固化三个阶段，而安博公司则主张中通公司没有履行合同义务，中通公司实施的三个阶段，是合同签订前的业务介绍及推荐工作，不属于合同的履行。因此，理念导入，业务梳理，流程固化三个阶段的实施，是否属于合同义务的履行，是本案二审的主要争议点之一。

三、案例评析

【名称解释】

（一）风语者智能管理平台CRM系统

本案中的风语者智能管理平台CRM系统即是一种应用CRM管理思想的软件。

CRM软件的实施一般分为六大步骤：

第一步：理念导入。理念导入主要包括组建实施小组、确定人员和时间、项目动员和CRM理念培训。其中CRM的理念培训是实施中的重要价值点。"以客户为中心"的管理方式，将客户而非产品放在企业核心竞争力的位置上，企业要能够真正应用好CRM系统，必须首先从理念上了解、接受和认识这一点。

第二步：业务梳理。业务梳理是系统实施的重要步骤和控制实施周期的关键点。通过流程分析，CRM的咨询顾问可以了解企业现有的经营状况及工作方式，提炼出市场、销售、服务中各环节的关键点控制点，暴露出隐藏的问题。同时，咨询顾问可充分发挥"第三方"的优势，提出个性化的实施建议，并对实施中可能出现的阻力做充分准备，是进行下一个步骤"方案设计"的基础。

第三步：流程固化。流程固化的重点是在调整和优化原有工作流程的基础上，建立基于 CRM 系统的、规范的、科学的、以客户为中心的企业运营流程。在方案设计过程中，CRM 咨询顾问将运用在相关行业的成功实施经验，根据在业务梳理过程中总结有关信息，重新进行流程规划调整。

第四步：系统部署。系统部署主要完成正式启用系统的数据准备工作。在系统部署过程中，咨询顾问将根据方案设计中规定的企业运营流程、工作传递关系、企业组织结构以及企业经营产品的特点等将基础数据录入或导入到系统，指导企业建立协调统一的信息标准（或参照 ISO 标准）。系统部署由咨询顾问和企业内部的 CRM 项目负责人共同完成，确保知识传递。

第五步：应用培训。在应用培训阶段，CRM 认证讲师根据《实施方案》，结合应用流程对企业工作人员提供培训。通过培训，企业员工能够很快熟悉系统，了解自身工作在系统中的角色及如何利用系统提高工作效率，使系统得以尽快投入到实际工作中，解决现有的问题，加强工作协调。

第六步：系统试运行和上线。系统试运行通过后，将原有模式切换至 CRM 系统，系统正式启用。

(二) 合同生效的要件

根据《合同法》第 44 条[1]的规定，合同依法成立是合同生效的前提。合同生效主要应符合以下要件：

(1) 合同当事人主体适格。我国《合同法》第 9 条第 1 款规定："当事人订立合同，应当具有相应的民事权利能力和民事行为能力。"

(2) 合同当事人意思表示真实。

---

[1]《合同法》第 44 条："依法成立的合同，自成立时生效。法律、行政法规规定应当办理批准、登记等手续生效的，依照其规定。"

(3) 合同内容不违反法律或者公共利益。

(4) 合同的内容必须确定或可能。

(5) 合同特殊要件达成。

一般合同符合上述要件时成立即生效，但在特殊情况下，合同生效需要满足某些特殊的要件，如附生效条件的合同、附生效期限的合同，须具备法律要件的合同等，此类合同有效成立之后并不能立即生效，还需要满足合同中特殊要件时，才正式生效。

本案中中通公司与安博公司均为依法设立并正常存续的法人，在订立合同时意思表示真实，合同内容也不存在法律或者公共利益的情形，涉案合同约定中通公司向安博公司提供风语者智能管理平台客户关系管理（CRM）系统，并与安博公司现有系统进行对接，其中风语者智能管理平台客户关系管理（CRM）系统属于现有技术，因此该合同目的明确并且可以达成，该合同也不属于需要特殊要件达成才能生效的合同，因此涉案合同自成立之日起生效。

(三) 举证责任

举证责任，在民事诉讼中指的是，应当由当事人对其主张的事实提供证据并予以证明，若诉讼终结时根据全案证据仍不能判明当事人主张的事实真伪，则由该当事人承担不利的诉讼后果。

技术合同纠纷案件中所涉及的技术专业性较强，在合同纠纷案件中主张合同权利发生的当事人对产生合同权利的法律要件事实负有举证责任；主张已产生的合同权利变更或消灭的当事人对阻碍、变更或消灭合同权利的法律要件事实负有举证责任。负有举证责任的当事人不能证明自己的主张的，应承担不利后果。

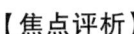

【焦点评析】

（一）关于首付款

法院在审理查明案件事实过程中，是中通公司已经按照合同约定开具发票并履行部分义务，还是中通公司履行部分义务并根据合同约定开具发票？

法院认为："中通公司已经按照合同约定开具了发票并履行了部分义务，故对该公司要求安博公司支付合同首付款及违约金的诉讼请求，法院予以支持。"

（1）合同约定支付款项的方式是中通公司先开具发票，再支付款项，这是合同约定支付方式；但是，需要区分的是：合同约定的支付合同款项的方式与法院认定应当支付首付款的情形属于不同的概念。法院能否根据合同约定的支付方式作为认定中通公司履行了合同义务作为安博公司应当支付首付款依据；因为本案争议焦点是合同是否履行，只有审理查明中通公司已经履行了合同义务，不论是部分还是全部，判决安博公司支付合同首付款的依据是合同履行而不是已经开具发票。如果法院认定安博公司支付首付款是根据中通公司已经开具发票并履行部分义务，那么，法院的判决就不是支持中通公司的诉讼请求，而是判决安博公司按照合同约定，支付首付款。

（2）按照合同约定，在签订涉案合同之日起 20 个工作日，安通公司支付给中通公司首付款 159 000 元；很明显，这是双方约定的首付款支付的时间，不是涉案合同义务。本案因合同履行发生争议，是否履行合同义务，并不涉及支付合同款项的条款约定。法院应查明：是否开具发票与是否履行合同义务不具有关联性。

因此，在审理查明合同义务范围方面与案件争议焦点存在不一致的情形下，法院认定安博公司应当支付首付款理由，似乎有些牵强。

(二) 关于余款

中通公司是否按照合同约定履行了合同义务？(参见【名词解释】"风语者智能管理平台 CRM 系统")

中通公司主张已按合同履行了部分合同义务，余下阶段的工作未完成的原因是安博公司拒不配合。而安博公司则主张中通公司未履行合同义务。

首先对于已经履行的部分，即涉案项目的理念导入、业务梳理、流程固化三个阶段。该三个阶段包含在涉案合同附件三《安博教育 CRM 项目实施规划》中，并且每个阶段均列出了步骤、风语者实施内容、安博教育配合内容、目标成果、实施周期。尽管中通公司在合同正式签订前，已提前完成了理念导入、业务梳理、流程固化三个阶段的工作，但是由于该三个阶段的工作同样包含在合同内，该行为也仅仅是合同义务的自愿提前履行，并且安博公司也未能提交证据证明该履行不符合要求，所以中通公司提前完成三个阶段的工作应视为合同的正式履行。

其次，对于余下阶段的工作，中通公司主张未完成相关工作的原因是安博公司拒不配合。法院认为"中通公司虽曾发函要求继续履行，且安博公司存在着机构变更等情形，但中通公司在本案中未提交证据证明该公司已为履行义务完成了所有准备工作"。从判决中表述的内容可以看出，中通公司已经完成上述三个阶段的工作，并且将工作成果记载于合同附件《安博教育 CRM 应用规划建议书》和《安博教育 CRM 应用数据整合方案》中，上述附件均已作为证据提交。根据合同记载，第四步是系统部署，主要完成正式启用系统的数据准备工作。该步骤需要咨询顾问和企业内部的 CRM 项目负责人共同完成，根据对该步骤的描述"咨询顾问将根据方案设计中规定的企业运营流程、工作传递关系、企业组织结构以及企业经营产品的特点等将基础数据录入或导入到系统，指导企业建立协调统一的信息标准（或参照 ISO 标准）"，可以看出该步骤实施的前提是需要企业内部 CRM 项目负责人（本案中对应安博公司）提供大量相关数据资料，而咨询顾问（本案中对应中通公司）仅需将数据根据方案设计（在步骤三流程固化中已完成）将数据录入或导入导系统即可。因此虽然不能说咨询顾问在实施系统部署之前不需要进行额外的准备工作，但至少对于该做什么样的准备工作，以及准备工作的标准尚不够明确的。然而法院在判决时没有对"准备工作"做出具体界定，也没有从技术的角度考察余下阶段工作与先前完成的工作之间的联系，直接认定"中通公司在本案中未提交证据证明该公司已为履行义务完成了所有准备工作"，未免有些草率。

【总体评价】

（1）安博公司因为发现了中通公司已有的技术所以才与中通公司签订了委托开发合同。中通公司已完成的接口开发部分《安博教育 CRM 应用数据整合方案》属于合同附件，所以合同签订后 20 日内，安博公司就应当向中通公司支付首付款，而不需要考虑合同是否履行。法院认为中通公司在合同签订后履行了部分研发义务并开具了发票，所以安博公司才应当支付首付款，因此法院对该事实的认定存在瑕疵。

（2）法院在判决时没有对"准备工作"做出界定，也没有从技术的角度考察余下阶段工作与先前完成的工作之间的联系，进而做出了"中通公司在本案中未提交证据证明该公司已为履行义务完成了所有准备工作"的认定，过于草率。

第四章 司法裁判典型案例评析

第四节 青岛森特瑞进出口有限公司诉青岛鸿世通进出口有限公司等侵害商业秘密纠纷案

一、案例基本信息

案例类型	商业秘密侵权 民事案件
案例名称	青岛森特瑞进出口有限公司公司诉青岛鸿世通进出口有限公司等侵害商业秘密纠纷案[1]
裁判文书	一审：山东省青岛市中级人民法院［2017］鲁02民初1282号《民事判决书》 二审：山东省高级人民法院［2019］鲁民终861号《民事判决书》
合议庭成员	一审：审判长纪晓欣、审判员石利华、人民陪审员李志全 二审：审判长郭毅、审判员柳维敏、审判员张金柱
一审原告	青岛森特瑞进出口有限公司（以下简称"森特瑞公司"）
一审被告	青岛鸿世通进出口有限公司（以下简称"鸿世通公司"）、许某、李某、赵某
二审上诉人	森特瑞公司、许某、鸿世通公司
二审被上诉人	李某、赵某
受理日期	一审：2017年10月10日 二审：2019年3月3日
裁判日期	一审：2018年7月30日 二审：2019年9月26日
法律程序	一审、二审

---

[1] 本案为2019年中国知识产权法律实务研讨会十佳案例之一。

续表

一审判决结果	1. 许某、鸿世通公司于判决生效之日起两年内停止使用森特瑞公司的商业秘密，即 Banas Stones Inc·公司客户名单； 2. 许某、鸿世通公司于判决生效之日起十日内赔偿森特瑞公司经济损失 40 万元； 3. 驳回森特瑞公司对李某的诉讼请求； 4. 驳回森特瑞公司对赵某的诉讼请求； 5. 驳回森特瑞公司的其他诉讼请求。如未按判决指定的期间履行给付金钱义务，应当依照《民事诉讼法》第 253 条之规定，加倍支付迟延履行期间的债务利息。案件受理费人民币 13 800 元，由森特瑞公司承担 4140 元，许某、鸿世通公司承担 9660 元。保全费 5030 元由许某、鸿世通公司承担。
二审判决结果	1. 维持山东省青岛市中级人民法院［2017］鲁 02 民初 1282 号民事判决第 4 项，即驳回青岛森特瑞进出口有限公司对赵某的诉讼请求； 2. 撤销山东省青岛市中级人民法院［2017］鲁 02 民初 1282 号民事判决第 3 项、第 5 项，即驳回青岛森特瑞进出口有限公司对李某的诉讼请求、驳回青岛森特瑞进出口有限公司的其他诉讼请求； 3. 变更山东省青岛市中级人民法院［2017］鲁 02 民初 1282 号民事判决第一项为：许某、李某、青岛鸿世通进出口有限公司于本判决生效之日起两年内停止使用青岛森特瑞进出口有限公司的涉案六家客户信息； 4. 变更山东省青岛市中级人民法院［2017］鲁 02 民初 1282 号民事判决第二项为：许某、李某、青岛鸿世通进出口有限公司于本判决生效之日起十日内赔偿青岛森特瑞进出口有限公司经济损失及合理开支共计 100 万元； 5. 驳回青岛森特瑞进出口有限公司的其他诉讼请求。如未按本判决指定的期间履行给付金钱义务，应当依照《民事诉讼法》第 253 条之规定，加倍支付迟延履行期间的债务利息。

第四章 司法裁判典型案例评析

续表

涉案法律法规和解释	一审： 2017年修订的《反不正当竞争法》第9条[1]《最高人民法院关于审理不正当竞争民事案件应用法律若干问题的解释》第13条第2款[2]、第16条[3]，《民事诉讼法》第253条[4] 二审： 1993年《反不正当竞争法》第10条[5]，《最高人民法

---

[1] 2017年修订的《反不正当竞争法》第9条："经营者不得实施下列侵犯商业秘密行为：
（一）以盗窃、利诱、胁迫、欺诈或者其他不正当手段获取权利人的商业秘密；
（二）披露、使用或者允许他人使用以前项手段获取的权利人的商业秘密；
（三）违反约定或者违反权利人有关保守商业秘密的要求，披露、使用或者允许他人使用其所掌握的商业秘密。第三人明知或者应知前款所列违法行为，获取、披露、使用或者允许他人使用权利人的商业秘密，视为侵犯商业秘密。
本法所称的商业秘密，是指不为公众所知悉、具有商业价值并经权利人采取相应保密措施的技术信息和经营信息。"

[2] 《最高人民法院关于审理不正当竞争民事案件应用法律若干问题的解释》第13条第2款："客户基于对职工个人的信赖而与职工所在单位进行市场交易，该职工离职后，能够证明客户自愿选择与自己或者其新单位进行市场交易的，应当认定没有采用不正当手段，但职工与原单位另有约定的除外。"

[3] 《最高人民法院关于审理不正当竞争民事案件应用法律若干问题的解释》第16条："人民法院对于侵犯商业秘密行为判决停止侵害的民事责任时，停止侵害的时间一般持续到该项商业秘密已为公众知悉时为止。依据前款规定判决停止侵害的时间如果明显不合理的，可以在依法保护权利人该项商业秘密竞争优势的情况下，判决侵权人在一定期限或者范围内停止使用该项商业秘密。"

[4] 《民事诉讼法》第253条："被执行人未按判决、裁定和其他法律文书指定的期间履行给付金钱义务的，应当加倍支付迟延履行期间的债务利息。被执行人未按判决、裁定和其他法律文书指定的期间履行其他义务的，应当支付迟延履行金。"

[5] 1993年《反不正当竞争法》第10条："经营者不得采用下列手段侵犯商业秘密：
（一）以盗窃、利诱、胁迫或者其他不正当手段获取权利人的商业秘密；
（二）披露、使用或者允许他人使用以前项手段获取的权利人的商业秘密；
（三）违反约定或者违反权利人有关保守商业秘密的要求，披露、使用或者允许他人使用其所掌握的商业秘密。第三人明知或者应知前款所列违法行为，获取、使用或者披露他人的商业秘密，视为侵犯商业秘密。
本条所称的商业秘密，是指不为公众所知悉、能为权利人带来经济利益、具有实用性并经权利人采取保密措施的技术信息和经营信息。"

续表

	院关于审理不正当竞争民事案件应用法律若干问题的解释》第 10 条[1]、第 13 条[2]、第 16 条[3]、第 17 条[4],《民事诉讼法》第 170 条第 1 款第 2 项[5]
裁判要点[6]	1. 本案中森特瑞公司主张的鸿世通公司等人的侵权行为发生在 2017 年 11 月之前,故本案应适用 1993 年施行的《反不正当竞争法》,一审法院适用 2017 年修订后的《反不正当竞争法》不当,应予纠正。 2. 森特瑞公司提供的邮箱的域名系森特瑞公司的,邮箱中发送邮件的人员也是森特瑞公司的职工,而森特瑞公司亦与邮箱中的客户发生了交易关系,由此可以证明森

---

[1]《最高人民法院关于审理不正当竞争民事案件应用法律若干问题的解释》第 10 条:"有关信息具有现实的或者潜在的商业价值,能为权利人带来竞争优势的,应当认定为反不正当竞争法第十条第三款规定的'能为权利人带来经济利益、具有实用性'。"

[2]《最高人民法院关于审理不正当竞争民事案件应用法律若干问题的解释》第 13 条第 1 款:"商业秘密中的客户名单,一般是指客户的名称、地址、联系方式以及交易的习惯、意向、内容等构成的区别于相关公知信息的特殊客户信息,包括汇集众多客户的客户名册,以及保持长期稳定交易关系的特定客户。"

[3]《最高人民法院关于审理不正当竞争民事案件应用法律若干问题的解释》第 16 条:"人民法院对于侵犯商业秘密行为判决停止侵害的民事责任时,停止侵害的时间一般持续到该项商业秘密已为公众知悉时为止。依据前款规定判决停止侵害的时间如果明显不合理的,可以在依法保护权利人该项商业秘密竞争优势的情况下,判决侵权人在一定期限或者范围内停止使用该项商业秘密。"

[4]《最高人民法院关于审理不正当竞争民事案件应用法律若干问题的解释》第 17 条:"确定反不正当竞争法第十条规定的侵犯商业秘密行为的损害赔偿额,可以参照确定侵犯专利权的损害赔偿额的方法进行;确定反不正当竞争法第五条、第九条、第十四条规定的不正当竞争行为的损害赔偿额,可以参照确定侵犯注册商标专用权的损害赔偿额的方法进行。因侵权行为导致商业秘密已为公众所知悉的,应当根据该项商业秘密的商业价值确定损害赔偿额。商业秘密的商业价值,根据其研究开发成本、实施该项商业秘密的收益、可得利益、可保持竞争优势的时间等因素确定。"

[5]《民事诉讼法》第 170 条:"第二审人民法院对上诉案件,经过审理,按照下列情形,分别处理:……(二)原判决、裁定认定事实错误或者适用法律错误的,以判决、裁定方式依法改判、撤销或者变更……"

[6] 摘自二审判决:山东省高级人民法院[2019]鲁民终 861 号《民事判决书》。

続表

	特瑞公司享有涉案六家客户信息的权利，其有权提起本案诉讼。 3. 根据《反不正当竞争法解释》第 13 条第 2 款规定，当事人主张保护的客户名单主要分为两类，一类是区别于相关公知信息、具有深度信息的客户名单，另一类是保持长期稳定交易关系的特定客户。两类客户信息是否构成商业秘密对是否与客户发生交易关系的要求并不同，第一类客户信息只要区别于相关公知信息，且符合《反不正当竞争法》第 10 条第 3 款规定的要件，即使权利人还没有利用该信息与客户发生交易关系，该特殊的客户信息仍可以构成商业秘密予以保护；而第二类则需要与客户发生了交易，并且还要保持长期稳定的交易关系。本案中，森特瑞公司一审明确其要求保护的是具有深度信息的客户名单，并非保持长期稳定交易关系的特定客户，故是否与客户发生实际交易并不影响森特瑞公司主张的客户名单是否构成商业秘密的认定。 4. 根据森特瑞公司一审提供的邮件，其不仅提供了主张保护的六家客户名单的名称、地址、联系方式等公知的信息，通过多达几百次或至少几十次的往来邮件内容可以看出森特瑞公司与该六家公司进行了关于产品、规格、型号、交易方式等方面的交流沟通，上述信息构成区别于相关公知信息的深度客户信息，属于《反不正当竞争法》保护的经营信息。 5. 本案中虽然没有确切的证据证明鸿世通公司的侵权获利，但考虑到鸿世通公司在该期间仅与该六家客户发生交易，且其并未为开发客户付出相应的成本，且根据法院查明的事实，鸿世通公司与涉案六家客户发生交易总额为 676 684.96 美元，足以证明其侵权获利超过了森特瑞公司主张的 100 万元。
案例规则	1. 当商业秘密侵权行为发生在新法修订之前，且并未持续存在，应当适用侵权行为发生时的法律规定进行裁判；如果该侵权行为持续发生至新法修订之后，则应当适用修订后的新法来裁判。 2. 我国法律保护的客户名单分为相关公知信息、具有深

续表

	度信息的客户名单和保持长期稳定交易关系的特定客户名单两类,两类客户名单是否构成商业秘密,在认定时对原告是否与客户发生交易关系的要求是不同。 3. 在没有确切的证据证明被告侵权获利的前提下,可以根据被告与商业秘密客户实际发生交易总额的证据来判断并认定侵权赔偿数额。

二、案例综述

【主要诉请】

原告请求判令立即停止侵犯商业秘密的行为;连带赔偿经济损失及为制止侵权行为所支付的律师费、公证费、翻译费等合理费用共100万元。

【基本事实】

(一)森特瑞公司主张的客户名单能否构成《反不正当竞争法》所规定的经营秘密?

本案中判断森特瑞公司主张的客户名单是否构成经营信息,应当考虑以下三个方面,即该客户名单是否形成于许某、李某、赵某离职之前;该客户名单是否为区别于相关公知信息的特殊客户信息;该客户名单是否符合法律对商业秘密要件的要求。

法院审查确认的事实:

(1)森特瑞公司在本案中认为许某、李某、赵某系利用其在职期间掌握的客户名单进而侵犯其商业秘密,因此,森特瑞公司所主张的客户名单应当形成于许某、李某、赵某离职之前。本案森特瑞公司共起诉四名被告,依据森特瑞公司陈述,其认为许某在职期间接触到 Banas 公司等客户,并成立鸿世通公司与 Banas 公司等进行交易,故一审法院确定以许某离职时间作为判断森特瑞公司客户名单成立的时间点,即2015年7月6日。

（2）本案中森特瑞公司与其客户的往来主要通过电子邮件方式，采用"enter，qdcentury.com"浙大恩特管理系统对其与客户之间的往来邮件进行管理，通过查询客户名称，可以显示"客户代码""分管人""通信地址""公司网址""传真号码"等具体信息以及与该客户之间的邮件，森特瑞公司要求保护的六家公司的信息均在该系统中能够查询，可以看出，森特瑞公司对其客户信息进行了初步的整理和汇总。其不仅提供了主张保护的六家客户名单的名称、地址、联系方式等公知的信息，通过多达几百次或至少几十次的往来邮件内容可以看出森特瑞公司与该六家公司进行了关于产品、规格、型号、交易方式等方面的交流沟通，上述信息构成区别于相关公知信息的深度客户信息，属于《反不正当竞争法》保护的经营信息。

（3）本案中，森特瑞公司与 Banas 公司在 2013 年至 2015 年间存在大量邮件往来，可以推定已经形成了一定的交易习惯、意向等特定内容，而这些需要通过长期积累才能形成，非交易实际参与者通过公共渠道难以获得，因此，上述客户名单具有秘密性。其次，客户名单的价值在于增加交易机会、降低交易成本，最终实现企业的营利，上述客户名单可以为森特瑞公司提供竞争优势，创造经济利益，因此具有价值性。再次，森特瑞公司与许某、李某和赵某均签订了《保密协议》，《劳动合同》中亦有保密条款，约定了保密义务，可以认定森特瑞公司为防止商业秘密泄露，对上述客户名单采取了合理的保密措施。综上，法院认为森特瑞公司主张的 Banas 公司的客户名单构成《反不正当竞争法》所指的经营秘密，应当受到法律保护。

（二）鸿世通公司、许某、李某、赵某的行为是否侵犯森特瑞公司所主张的经营秘密？

许某是与 Banas 公司联系的主要业务人员，其必然接触到与该客户有关的信息。许某却作为股东成立了鸿世通公司，然后将其掌握的上述特殊客户信息非法披露给鸿世通公司，而李某作为许某的妻子、同事，明知许某掌握了涉案商业秘密，仍出任鸿世通公司的法定代表人，获取并在特定时期使用森特瑞公司的特殊客户信息并与其发生了交易，三者具有共同的侵权故意，故许某、李某与鸿世通公司的行为侵犯了森特瑞公司的商业秘密。

法院审查确认的事实：

许某于 2012 年至 2015 年 7 月 6 日期间在森特瑞公司从事业务工作，与 Banas 公司的近 500 条邮件记录中销售员一栏较多注明"许某"，即许某是与 Banas 公司联系的主要业务人员，因此，其必然接触到与该客户有关的信息。鸿世通公司成立于 2015 年 8 月，即在许某、李某离职之后，该公司法定代表人为许某之妻李某，股东为许某，从一审法院调取的该公司的银行交易明细对账单看，该公司成立后与 Banas 公司进行了实际交易，在鸿世通公司未能提供该客户合法来源的情况下，一审法院认为，许某违反森特瑞公司关于有关保守商业秘密的要求，披露森特瑞公司的经营秘密，鸿世通公司明知许某的违法行为，仍使用该经营秘密，均构成对该经营秘密的侵犯。二审法院认为，李某作为许某的妻子、同事，明知许某掌握了涉案商业秘密，仍出任鸿世通公司的法定代表人，获取并在特定时期使用森特瑞公司的特殊客户信息并与其发生了交易，因此李某与许某、鸿世通公司构成共同侵权。关于赵某，森特瑞公司并无证据证明其接触并掌握了涉案商业秘密，也没有证据证明其实施了侵害涉案商业秘密的行为，故森特瑞公司关于赵某构成侵权的主张不能成立，赵某不构成商业秘密侵权。

（三）鸿世通公司和许某应当承担何种侵权责任？

许某、鸿世通公司侵害了森特瑞公司的经营秘密，应当共同承担停止侵权、赔偿损失的民事责任。

法院审查确认的事实：

（1）商业秘密特别是客户名单不是一成不变的，往往会随着市场需求、经营者的经营状况等因素发生变化，因此，本案中要求鸿世通公司、许某停止侵害持续到公众所知悉时并不合理。一审法院酌情确定许某、鸿世通公司停止使用Banas公司客户名单的期限为两年。

（2）关于本案赔偿数额，一审法院考虑以下因素酌情予以确定，首先，森特瑞公司在2013年至2015年间为形成Banas公司客户名单需付出较大成本；其次，鸿世通公司系许某与其妻李某在离职后成立，该公司成立后所交易的客户均为许某在职期间所接触的客户，鸿世通公司并无证据证明与其他客户进行了交易，因此主观过错明显；再次，鸿世通公司与Banas公司的累计交易额约30万美元；最后，森特瑞公司为制止鸿世通公司、许某侵权行为支付了律师费、翻译费等合理费用。综合上述因素，一审法院确定许某、鸿世通公司共同赔偿森特瑞公司经济损失40万元。

（四）赔偿数额如何认定？

森特瑞公司认为鸿世通公司、许某的侵权行为主观恶意大，持续时间长，侵权交易金额大，许某明知涉案客户名单系森瑞特公司商业秘密，其在离职后仍然自行成立鸿世通公司与该客户进行长期贸易往来，具有明显恶意，且森瑞特公司有证据证明鸿世通公司侵权交易数额，故一审法院判赔额过低。

法院审查认定的事实：

二审法院认为，本案中虽然没有确切的证据证明鸿世通公司的侵权获利，但考虑到鸿世通公司在该期间仅与该六家客户发生交易,且其并未为开发客户付出相应的成本,且根据法院查明的事实,鸿世通公司在 2016 年 2 月至 2017 年 11 月期间与涉案六家客户发生交易总额为 676 684.96 美元,足以证明其侵权获利超过了森特瑞公司主张的 100 万元,故对森特瑞公司的主张予以支持。二审法院依法将判赔金额由 40 万元改判为 100 万元,全额支持了森瑞特公司一审诉讼请求。

【案例背景】

(一)关于 Banas Stones Inc.(以下简称"Banas 公司")

Banas Stone Inc. 是一家美国采购商,其数据来源于美国海关数据。该公司的进口数据截止至 2020 年 2 月 20 日共计 2906 笔交易,通过产品名、HS 编码等维度可以搜索精准的交易数据。基于这些贸易数据,我们从贸易伙伴、进出口港、采供国、HS 编码、联系方式等维度对数据进行统计汇总,可以从交易数量、重量、价格、交易次数不同维度的趋势来了解当前公司的采供周期和业务稳定性。当前公司的贸易报告主要包括:市场趋势分析、联系方式、贸易伙伴、港口统计、贸易区域分析。我们从 Banas Stone Inc. 的 2892 笔交易中提取了该公司所有的贸易伙伴。这些公司主要分布在 Other,China,Canada,可以按照交易量、交易时间、贸易国筛选公司,同时也可以查询到贸易双方每一笔交易的产品类型、量价和贸易频率。通过对交易数据的汇总统计,我们将该公司的进出口港、贸易区域独立提取,可以查阅到以港口或贸易区域作为查询条件的交易记录,并可以推算出 Banas Stone Inc. 在全球范围的主要市场以及份额占比。[1]

原告诉称 Banas 公司等六个公司的客户名单属于法律所保护

---

[1] 来源外贸邦 https://www.52wmb.com/buyer/9377109.

的经营信息，从本案原告森特瑞公司提交的与客户之间的相关邮件、合同及银行流水可以证明其经营秘密的存在，且在本案立案之后，一直持续往来。从该客户名单形成方式、形成时间、往来频率、内容、实际交易数量等方面综合来看，Banas公司等六个公司的客户名单不仅应当包括客户的名称、地址、联系方式，还包括了交易的习惯、意向、内容等深度信息。本案中森特瑞公司与其客户的往来主要通过电子邮件方式，采用"enter, qdcentury.com"浙大恩特管理系统对其与客户之间的往来邮件进行管理，通过查询客户名称，可以显示"客户代码""分管人""通信地址""公司网址""传真号码"等具体信息以及与该客户之间的邮件，森特瑞公司要求保护的六家客户信息均在该系统中能够查询。

（二）关于《保密协议》和《劳动合同》中的保密条款

保密协议，是指协议当事人之间就一方告知另一方的书面或口头信息，约定不得向任何第三方披露该等信息的协议。负有保密义务的当事人违反协议约定，将保密信息披露给第三方，将要承担民事责任甚至刑事责任。保密协议一般包括保密内容、责任主体、保密期限、保密义务及违约责任等条款。保密协议保守的是用人单位的商业秘密，因此用人单位只应当与接触、知悉、掌握商业秘密的员工签订保密协议，而不是普通员工或职工，更不能是全体员工。当然，企业还应当根据自身的性质和情况分析确定企业中的哪些人员掌握了商业秘密。对于某些不在保密岗位和技术岗位的普通员工，在工作中有意或无意获悉公司的商业秘密时，也应该列入保密主体的范围。[1] 根据《劳动合同法》的规定，除了员工违反服务期约定或违反竞业限

---

[1] 来源 https://baike.baidu.com/item/保密协议/8743375? fr=aladdin.

制义务两种情形之外，企业不得与员工约定由员工承担违约金。因此，保密协议中不得约定员工泄露企业商业秘密时应当支付违约金，只能要求员工赔偿由此给企业造成的损失。

劳动合同中的保密条款是指用人单位和劳动者之间根据《劳动合同法》第23条的规定，在劳动合同中约定保守用人单位的商业秘密和与知识产权相关的保密事项。对负有保密义务的劳动者，用人单位可以在劳动合同或者保密协议中与劳动者约定竞业限制条款，并约定在解除或者终止劳动合同后，在竞业限制期限内按月给予劳动者经济补偿。劳动者违反竞业限制约定的，应当按照约定向用人单位支付违约金。[1]

本案原告诉称被告许某、李某、赵某在职期间均与森特瑞公司签订了《保密协议》，约定了保密义务，在《劳动合同》中亦规定有保密条款。森特瑞公司为防止商业秘密泄露，对涉案的客户名单采取了合理的保密措施。

（三）关于森特瑞公司和鸿世通公司的业务范围

1. 森特瑞公司

青岛森特瑞进出口有限公司成立于2009年1月20日，类型：有限责任公司（自然人投资或控股），法定代表人：王某，注册资本：1000万元，股东：王某、于某。经营范围：依据食品药品监督管理部门核发的《食品经营许可证》开展经营活动；批发：工艺品、家居用品、服装鞋帽、化妆品、建筑材料、装饰材料、五金交电、机电产品、橡胶制品、塑料制品、计算机及配件；机械设备租赁（不含特种设备）；货物及技术的进出口业务（国家法律法规禁止经营的不得经营，国家法律法规限制经营的凭许可证经营）；计算机信息技术咨询、技术服务。[2]

---

〔1〕 来源http://china.findlaw.cn/laodongfa/ldhtxl/bmtk/1337077.html.

〔2〕 来源http://www.gsxt.gov.cn/index.html.

2. 鸿世通公司

青岛鸿世通进出口有限公司成立于2015年8月7日,类型:有限责任公司(自然人独资),法定代表人:李某;注册资本:100万元;股东:许某。经营范围:货物进出口、技术进出口(法律、行政法规禁止的不得经营,法律、行政法规限制经营的,取得许可证后方可经营);批发零售:石材、瓷砖、玻璃制品、建筑装饰材料、木材、化妆品、家用电器、机械设备、通讯设备、五金交电。经营其他无需行政审批即可经营的一般经营项目(依法须经批准的项目,经相关部门批准后方可开展经营活动)。[1]

许某于2012年至2015年7月6日期间在森特瑞公司从事业务工作,自2013年6月7日至2015年7月6日与Banas公司的近500条邮件记录中销售员一栏较多注明"许某",即许某是与Banas公司联系的主要业务人员,因此,其必然接触到与该客户有关的信息。而鸿世通公司成立于2015年8月,即在许某、李某离职之后,该公司法定代表人为许某之妻李某,股东为许某,与森特瑞公司经营同一类业务。该公司成立后与Banas公司进行了实际交易,且鸿世通公司、许某和李某均未能提供出该客户合法来源的证据。

三、案例评析

【名词解释】

(一)经营信息

经营信息是指技术信息以外的能够给权利人带来竞争优势的用于经营的信息。一般包括以下两类:一是具有秘密性质的

---

〔1〕 来源 https://www.tianyancha.com/vipintro/? jsid = SEM - 360 - PZ - VI - 200301.

市场以及与市场密切相关的商业情报或信息，比如原材料价格、销售市场和竞争公司的情报、招投标中的标底及标书内容，还包括供销渠道、贸易记录、客户名单、产销策略等。二是经营管理方法和与经营管理方法相关的资料和信息，这一般是指合理有效地管理各部门各行业之间的相互合作与协作，使生产与经营有机运转的秘密。通常表现为管理的模式、方法、经验以及管理公关等。[1]

根据《反不正当竞争法》第9条规定，商业秘密分为技术信息和经营信息。原国家工商行政管理总局《关于禁止侵犯商业秘密行为的若干规定（修正）》规定，经营信息包括管理诀窍、客户名单、货源情报、产销策略、招投标中的标底及标书内容等信息。根据北京市高级人民法院《关于审理反不正当竞争案件几个问题的解答（试行）》规定，经营信息，指经营策略、管理诀窍、客户名单、货源情报、投标标底等信息。综上，所有可能给权利人带来经济利益或竞争优势的非技术类信息，都可能成为经营信息。相比技术秘密而言，经营秘密的新颖性和创造性要求不高。本案往来邮件中 Banas 等六个公司的客户名单从形成方式、形成时间、往来频率、内容、实际交易数量等方面来判断，属于法律所保护的经营信息范畴。

（二）客户名单

客户名单是经营信息的一个重要表现形式，能够反映与权利人有关的供求关系和价格等具体经营信息。客户名单是否构成商业秘密，除依据商业秘密的一般构成要件外，主要根据以下内容认定：（1）是否与权利人的经营活动相关，是否花费了物力和人力，权利人进行了较长时间的投资，付出了一定的体

---

〔1〕 来源 https://baike.baidu.com/item/经营信息/1447916? fr=aladdin.

力和脑力劳动,形成了较为稳定的交易关系;(2)竞争者不能从公开渠道轻易获得,客户名单需要经过长时间的积累、收集、加工和整理;(3)具有特定性。客户名单的内容应包括客户的名称、联系方法、需求类型及习惯、经营规律、价格的承受能力等深度客户信息。受法律保护的客户名单应是具体明确的、区别于可以从公开渠道获得的普通客户的信息。可构成商业秘密的客户名单,不同于客户名称的简单列举。因此将其称为客户信息,更为准确。[1]

《最高人民法院关于审理不正当竞争民事案件应用法律若干问题的解释》第13条规定,商业秘密中的客户名单,一般是指客户的名称、地址、联系方式以及交易的习惯、意向、内容等构成的区别于相关公知信息的特殊客户信息,包括汇集众多客户的客户名册,以及保持长期稳定交易关系的特定客户。《江苏省高级人民法院关于审理商业秘密案件有关问题的意见》规定,权利人经过相当的努力,形成了在一定期间内相对固定的且具有独特交易习惯等内容的客户名单,可以获得商业秘密保护。前款所称的努力,通常是指权利人所作的人、财、物和时间等的投入。仅以公开出版物中的单位名录不能对抗客户名单的秘密性。

本案中Banas等六个公司的客户名单不仅包括了客户的名称、地址、联系方式,还包括了交易的习惯、意向、内容等深度信息,并且是森特瑞公司长期与Banas等六个公司在业务往来中形成的,因此,符合商业秘密经营信息中客户名单的属性。

(三)关联公司

关联公司是指一公司基于特定的经济目的,通过资本渗透、

---

[1] 张黎:《〈中华全国律师协会律师办理商业秘密法律业务操作指引〉解释》,北京大学出版社2017年版,第95页。

合同联结等方式，而与他公司之间形成的公司联合体。关联公司具有以下三个特征：第一，关联公司是由若干具有独立法人资格的单体公司之间构成的公司联合体；第二，关联公司是通过资产、合同等纽带联结而成的；第三，关联公司是基于特定的经济目的而联合起来的。关联公司的联结主要有三种：一是资产联结方式，主要表现为股权参与、在公司之间形成控股、参股关系，控股公司通过股权参与控制从属公司的经营管理。二是合同维系方式，即公司之间通过缔结合同的手段予以联结。三是其他方式，主要是以人事连锁、表决权协议等其他手段联结。[1]

本案 Century（HK）Global Co., Limited 公司系森特瑞公司法定代表人王某于 2009 年 8 月 31 日在香港成立的公司，股东为森特瑞公司股东于某，qdcentury.com 域名所有者为森特瑞公司。因 Century（HK）Global Co., Limited 公司的投资人和股东与森特瑞公司完全一致，且二公司在贸易往来中使用相同的域名和邮箱，客户亦混同，可以认定二公司属于资产联结的关联公司，具有特定的经济目的而关联。

(四) 保密措施

保密措施是指企业采取的禁止商业秘密以任何形式向社会公开或传播的措施。措施可分为软件和硬件两大类，前者主要指制度措施，如签订保密合同、订立保密协议、建立保密制度并在文件上注明密级、加强保密教育等；后者主要是指直接的措施：如加强门卫保卫措施、限制外人参观生产技术过程、安装监控、派有专人封存和保管有关资料等。[2]

《反不正当竞争法》第 9 条规定，经权利人采取保密措施是技术信息和经营信息成为商业秘密的重要条件之一，必须经过

---

[1] 来源 https://baike.baidu.com/item/关联公司/4139908.
[2] 来源 https://baike.baidu.com/item/保密措施。

权利人采取保密措施，技术信息和经营信息才可能被认定为商业秘密。《最高人民法院关于审理不正当竞争民事案件应用法律若干问题的解释》第11条规定，权利人为防止信息泄漏所采取的与其商业价值等具体情况相适应的合理保护措施，应当认定为"保密措施"。人民法院应当根据所涉信息载体的特性、权利人保密的意愿、保密措施的可识别程度、他人通过正当方式获得的难易程度等因素，认定权利人是否采取了保密措施。具有下列情形之一，在正常情况下足以防止涉密信息泄漏的，应当认定权利人采取了保密措施：（1）限定涉密信息的知悉范围，只对必须知悉的相关人员告知其内容；（2）对于涉密信息载体采取加锁等防范措施；（3）在涉密信息的载体上标有保密标志；（4）对于涉密信息采用密码或者代码等；（5）签订保密协议；（6）对于涉密的机器、厂房、车间等场所限制来访者或者提出保密要求；（7）确保信息秘密的其他合理措施。《国家工商行政管理局关于商业秘密构成要件问题的答复（1998）》规定，权利人采取保密措施，包括口头或书面的保密协议、对商业秘密权利人的职工或与商业秘密权利人有业务关系的他人提出保密要求等合理措施。只要权利人提出了保密要求，商业秘密权利人的职工或与商业秘密权利人有业务关系的他人知道或应该知道存在商业秘密，即为权利人采取了合理的保密措施，职工或他人就对权利人承担保密义务。《江苏省高级人民法院关于审理商业秘密案件有关问题的意见》（苏高法审委［2004］第3号）规定，权利人采取的保密措施应当合理。在合理性判定时应考虑以下因素：（1）权利人应明确作为商业秘密保护的信息的范围；（2）制订相应的保密制度或以其他方式使他人知晓其掌握或接触的信息系应当保密的信息；（3）采取一定的物理防范措施，除非通过不正当手段，他人轻易不能获得该信息。

本案中森特瑞公司与许某、李某和赵某均签订了《保密协议》，《劳动合同》中亦有保密条款，约定了保密义务，符合《最高人民法院关于审理不正当竞争民事案件应用法律若干问题的解释》第11条第（5）项的规定，可以认定森特瑞公司为防止商业秘密泄露，对上述客户名单采取了合理的保密措施。

【焦点评析】

（一）本案法律适用问题

按照《反不正当竞争法》第33条规定和最高人民法院的判例，侵权行为发生在2017年12月31日以前的，应该适用1993年实施的《反不正当竞争法》；如果侵权行为一直持续到修法实施后，则可以适用新法。我国《反不正当竞争法》于2017年11月4日，第十二届全国人民代表大会常务委员会第三十次会议修订，并于2018年1月1日起实施。本案一审于2017年10月10日立案受理，诉讼程序发生在修法期间，本案一审于2018年7月30日判决，判决之时新法已经正式实施。在此前提下，被告的侵权行为是否持续至新法实施之后，决定了本案的法律适用问题。

根据一审法院查明的事实，被告鸿世通公司于2015年8月7日成立，一审法院调取了鸿世通公司在中国银行自2015年9月10日起至2018年2月28日的存款交易明细对账单，对账单显示自2016年2月至2017年11月期间，鸿世通公司先后与森特瑞公司所主张的六家公司进行交易。二审法院亦确认了这一事实，并在判决书中直接认定森特瑞公司主张的鸿世通公司等被告的侵权行为发生在2017年11月之前，故本案应适用1993年施行的《反不正当竞争法》，一审法院适用2017年修订后的《反不正当竞争法》不当，应予纠正。对此，笔者有着不同的看法，单凭银行对账单这一个证据不足以证明在2017年11月之后被告鸿世通公司与Banas公司等六家客户不再进行贸易往来，该证据只能证明在2016年2月至2017年11月期间双方存在贸易往来。本案系被告对原告商业秘密客户名单的侵权，侵权行为主要体现在与客户日常联络和贸易往来中，从正常交易惯例来推断，被告不可能在原告起诉后或诉讼中立即停止侵权的贸易行为。贸易合同的履行具有一定延续性，一审法院调取的银行对账单仅仅能够显示已付款部分的交易，并不能够显示已签订合同未付款未发货，或者已发货未付款部分的交易，而且合同的签订和履行都需要时间，已签订的合同如果不履行完毕，被告也会存在构成合同违约的风险，毕竟侵权之诉不能溯及合同行为。况且，在一审诉讼中被告自始至终都不认为其与Banas公司等六家客户的贸易行为构成商业秘密侵权，一审判决后还提起了上诉。被告从主观意识上就没有要停止侵权行为的想法，在此种前提下，一审法院认为在本案诉讼中被告的侵权行为一直持续存在具有一定合理性，一审判决适用2017年修订的新《反不正当竞争法》是正确的。

(二) 如何认定区别于公知信息的深度信息？

根据《北京高院知产纠纷解答》的内容，客户名单除了满足商业秘密的一般要件之外，还需具有特有性。即权利人花费了大量的成本，使来源于共有的信息特殊化。价值性侧重于表现客户名单在商业上的实用意义，而特有性强调的是权利人在汇编客户名单时所花费的成本。两者并不是一定成正比关系，一份花费大量成本的客户名单，在商业上的价值很可能是微不足道的。单纯以客户名单在商业可产生的利益来衡量，显然不足以涵盖其全部的价值。因此有必要在传统商业秘密三要件之外，再对客户名单加入特有性的评价。[1] 如果客户名单具备来

---

〔1〕 韩逍洋："论客户名单的商业秘密属性认定"，西南政法大学2016年硕士学位论文，第22页。

源复杂、内容丰富、编制困难、投资量大的特点，就可以认定为区别于公知信息的特有信息或深度信息。

《反不正当竞争法解释》第 13 条第 2 款规定，当事人主张保护的客户名单主要分为两类，一类是区别于相关公知信息、具有深度信息的客户名单，另一类是保持长期稳定交易关系的特定客户。两类客户信息是否构成商业秘密对是否与客户发生交易关系的要求并不同，第一类客户信息只要区别于相关公知信息，且符合《反不正当竞争法》第 10 条第 3 款规定的要件，即使权利人还没有利用该信息与客户发生交易关系，该特殊的客户信息仍可以构成商业秘密予以保护。

本案中，森特瑞公司一审明确其要求保护的就是第一类，具有深度信息的客户名单。从森特瑞公司的证据来看，其与涉案客户在 2013 年到 2015 年间往来邮件近 500 封，且邮件内容不仅体现了客户名称、联系方式等基本信息，还包括了客户的产品需求、价格要求、交易习惯、运输需求、具体联系人和联系方式等深度信息。涉案客户名单具备来源复杂、内容丰富、编制困难、投资量大的特点，属于区别于公知信息的深度信息。

（三）如何认定客户名单商业秘密的侵权赔偿数额？

我国《反不正当竞争法》第 17 条对赔偿额的计算方法进行了规定，"因不正当竞争行为受到损害的经营者的赔偿数额，按照其因被侵权所受到的实际损失确定；实际损失难以计算的，按照侵权人因侵权所获得的利益确定。经营者恶意实施侵犯商业秘密行为，情节严重的，可以在按照上述方法确定数额的一倍以上五倍以下确定赔偿数额。赔偿数额还应当包括经营者为制止侵权行为所支付的合理开支。经营者违反本法第六条、第九条规定，权利人因被侵权所受到的实际损失、侵权人因侵权所获得的利益难以确定的，由人民法院根据侵权行为的情节判决给予权利人五百万元以下的赔偿"。从上述法律条文中我们可以看出，商业秘密损害赔偿额的认定方法主要有以下几种：（1）根据权利人所受到的损失予以认定；（2）根据侵权人所获得的利润予以认定；（3）参考《商业秘密许可使用合同》中的许可使用费的倍数予以认定；（4）适用法定赔偿，即法官可以根据侵权行为的情节，在1万至500万元之间酌情确定合理的赔偿数额。同时应注意，除上述赔偿额外还应当判决其承担权利人因调查侵权人侵害其合法权益的不正当竞争行为所支付的合理费用。[1]

在客户名单侵权案件中，商业秘密的泄露带来的损失是不可估量的，也无法恢复到损害行为未发生时的状态。权利人所丧失的竞争优势不能仅仅以侵权人实际交易量给其带来的损失或给侵权人带来的利润计算。法院往往是简单地运用"被告销售额×原告营业利润率"这一计算公式来机械地计算赔偿额，忽略了损害概念的不确定性和其中的变量因素。另外，权利人开发客户名单、维持客户名单的秘密性等所耗费的精力、财力和诉讼中所花费的律师费、调查费等难以确定，甚至在确定后也不能得到赔偿。况且，不论侵权行为人主观过错程度、侵权情节如何都只承担赔偿损失的责任，可能会不足以威慑潜在的侵权行为。[2] 因此，笔者认为客户名单侵权案件应当适用惩罚性赔偿，惩罚性赔偿的数额应当涵盖受害人在开发该客户名单和维持客户名单秘密性所支出的费用，受害人的行业情况（如果该行业中客户群体的数量或购买能力是有限的，则该客户名单

---

[1] 郑婷毓："论原告视角下客户名单的法律保护"，暨南大学2016年硕士学位论文，第26页。

[2] 李俊男："客户名单商业秘密属性的认定和保护研究"，华东政法大学2010年硕士学位论文，第24页。

的价值就比较大，同时意味着受害人的损失也比较严重），加害人的身份（如果加害人曾担任受害人的董事、高管或专职于开发客户的工作人员，应当比其他人具有更高的敏感度和保密义务）等。惩罚性赔偿能克服和缓解客户名单商业秘密侵权所致的责任不足，为防范潜在的侵权行为提供动因。

【总体评价】

（一）事实部分

本案事实清楚，森特瑞公司享有的商业秘密——客户名单经过其长期维护，不仅包括了客户的名称、地址、联系方式，还包括了交易的习惯、意向、内容等，属于区别于公知信息的深度经营信息。森特瑞公司认为其前员工许某、李某离职后又成立了鸿世通公司，并继续以鸿世通公司的名义与Banas公司等六家客户进行贸易往来，违反了双方保密协议的约定，构成商业秘密侵权。

（二）法律适用

本案对于《反不正当竞争法》新法与旧法的法律适用问题存在争议，对于《最高人民法院关于审理不正当竞争民事案件应用法律若干问题的解释》的法律适用正确。

（三）对于赔偿数额的认定，具有典型意义

本案属于典型的证据赔偿，本案原告采用的是"侵权人获益法"来举证赔偿数额。被告因侵权行为获得与客户的交易机会，首先明确被告的侵权持续区间，然后计算在该区间内被告与客户的交易额及所获取的利润，再排除其他因素的影响，推定出原告所受损失。上述赔偿数额的认定方式看似简单，但实际上难度相当大，因为影响原告受损或被告获利的因素有千千万，比如市场供需变化、原材料成本波动、企业自身的信誉以及广告效应等。本案二审法院正确把握赔偿证据，结合案件的具体情况，将一审 40 万的判赔数额改判为 100 万，这种对判赔金额大幅度的改判，在商业秘密案件中是比较罕见的，具有一定的典型意义。

（四）二审法院对于本案法律适用的更正有待探讨

案件诉讼程序发生在新旧法律交替期间，对于新法和旧法的适用问题经常会出现两级法院观点不一致的情况，在判断如何适用时，主要需要考虑侵权行为是否持续存在至新法实施后。对于侵权行为持续期间的判断因素有很多，比如侵权行为的性质、侵权行为的实施方式、侵权人的主观意图、侵权行为停止的客观条件等，这些因素都直接影响到侵权行为是否能从进入诉讼程序后持续发生至新法实施后。法院在判断这一事实时需要根据现有证据、双方当事人的主观态度以及客观情况综合来考虑，不能仅从案件已经进入诉讼程序来判断侵权行为一定会停止，或者直接根据现有证据显示的侵权期间来判断在此期间之后侵权行为不会再持续。

【案例规则】

（1）当案件诉讼发生在新旧法律交替期间时，法院应综合考虑判断侵权行为是否持续发生至新法实施后，避免在新旧法律交替期间适用法律错误。

（2）客户名单作为经营秘密的一种表现形式，有着其严格的形成要求和特性要求，如何认定客户名单是区别于公知信息的深度信息是司法认定的难点。

（3）在适用"侵权人获益法"的商业秘密损害赔偿诉讼中，客户名单权利人如想获得有利赔偿，则至少须对以下事项承担举证责任：侵害人实施了侵害其商业秘密的行为；侵害人与客户存在交易并获利；侵害行为与侵害人获利之间存在因果关系。